ENCONTRANDO UN SUPERHÉROE EN LA *Habana*

MEMORIAS

ORLANDO GARCIA-PIEDRA MD

Copyright 2021 por Electronic Copyright Office (ECO), United States Copyright©Office - cargado en la Biblioteca del Congreso Número de control 1-10653267321 para solicitud de servicio en nombre del autor Orlando Garcia-Piedra, MD

Primera edición 2023

Todos los derechos reservados. Ninguna parte de este libro puede ser reproducida o transmitida en cualquier forma o por cualquier medio, electrónico o mecánico, incluyendo fotocopia, grabación o por cualquier sistema de almacenamiento y recuperación de información, sin el permiso por escrito del autor, excepto para la inclusión de breves citas en una reseña.

Impreso en los Estados Unidos de América

ISBN: 978-1-7364961-2-1

Reconocimientos Profesionales

Cubierta y diseño
Jesús Cordero: Anointing Productions
Sitio web: www.anointingproductions.com
Correo electrónico: jesusecordero@gmail.com

Portada basada en la inspiración de un trabajo derivado, similar pero no idéntico, de la fotografía de la página 95 del libro Six Days in Havana de James A. Michener y John Kings. Primera edición 1989. University of Texas Press, Box 7819. Austin TX 78713-7819

Traducción al español
Rebeca Cordero
Correo electrónico: <u>beckycordero1@gmail.com</u>

Editorial y Publicista
Steve Harrison, propietario - Bradley Communications Corp. Havertown, PA Entrenadores: - Geoffrey Berwind - Debbie Englander - Cristina Smith - Raia King
Sitio web: www.steveharrison.com
Correo electrónico: Email@authorsuccess.com

Traducción de mi "realidad" a menudo fracturada y frágil
José Baños
<u>Consejero espiritual</u>

Dedicatoria

Licinio **Humberto** (Gallego) **Garcia Perez**

Allgunos niños sueñan lo que quieren para sus vidas, luego trabajan para vivir y hacer realidad ese sueño. Es de ayuda cuando tienes buenos amigos y una familia de apoyo para caminar por el sendero contigo, aplaudir y saborear las victorias, o limpiar, con sudor en sus manos, las lágrimas solitarias de la pérdida o la derrota. Es aquí y ahora que caigo de rodillas para dar gracias por la bendición de tener una historia que escribir y el tiempo para escribirla.

Este es para ti, papá

Inspiración

REFLEXIONES EN EL CLAUSTRO

*"Aunque mi cuerpo encerrado
Ha perdido libertad,
Mi alma se ha remontado
En busca de la verdad.*

*Mi vida se había llenado
De tesoros ilusorios
Que la habían amortajado
Con sus ropajes mortuorios.*

*Placeres, ¡son vanidades!
Querer, poder: ¡Vanagloria!
Todos pasan. Sus verdades,
No trascienden a mi historia.*

*¿Dime si alguien ha extrañado
la chispa de mi centella?
¿Quién mi sonrisa ha añorado?
¿En quién he dejado huella?*

*Dime ¿qué cielo ha llorado
porque le falte mi estrella?
Dime ¿qué mar se ha secado
por faltar mi gota en ella?*

Humo han sido mis afanes,
Que se han disipado al viento
Erupciones de volcanes
Asfixiados, sin aliento.

Mi corazón hoy te ensalma
Y en ti busca la existencia,
¡Sóplame de nuevo el alma,
¡Llámame a la trascendencia!

Sacia mi sed de infinito,
Ven mi oquedad a llenar,
Pues solo tú, ¡Dios bendito,
¡Es quien la puede colmar!"

-José Baños

Narrativa

A CONTINUACIÓN, LOS 10 DÍAS MÁS RELEVANTES DE MI VIDA

"El día más asombroso" 24 de agosto de 1946. Mi nacimiento.

"El día más sorprendente" 25 de agosto de 1956.
El nacimiento de mi hermana.

"El día más emocionante" Verano 1957.
Vi por primera vez el Yankee Stadium.

"El día más feliz" 20 de diciembre de 1958.
Regrese desde Palm Beach.

"El día más importante" 1 de enero de 1959.
Escape de La Habana.

"El día más vergonzoso" 6 de febrero de 1959. Deje caer una bandeja de comida sobre la esposa del maestro.

"El día más increíble" Invierno 1961. Encontré a mis perros.

"El día más afortunado" Primavera de 1964.
Conocí a Mary Carmen.

"El día más decepcionante" Navidad 1965.

La última carta de amor de Madeline.

"El día más triste" 21 de mayo de 1967. Perdí a mi padre.

Contenido

Cuba

Parte 1: Y Así, Comienza ... 1

   Capítulo 1: La Historia de un Niño ... 3

   Capítulo 2: Una carta de Dios ... 9

   Capítulo 3: Mi idioma ... 11

   Capítulo 4: Nombrar a un Recién Nacido ... 19

   Capítulo 5: En el Útero, Nacimiento e Infancia ... 25

Parte 2: La Cuba que Recuerdo ... 31

   Capítulo 6: La Era pre-Castrista ... 33

   Capítulo 7: Los García ... 41

   Capítulo 8: De pelota de goma al Béisbol ... 53

   Capítulo 9: Los Piedra ... 59

Parte 3: Adaptación a Las Expectativas ... 77

   Capítulo 10: Nuevas Realidades ... 79

   Capítulo 11: Nuevos Desafíos (adolescencia) ... 91

   Capítulo 12: Miramar ... 107

   Capítulo 13: Nace Ana María ... 115

   Capítulo 14: Academia Militar Culver ... 119

   Capítulo 15: El Biltmore ... 133

   Capítulo 16: Escuela Graham-Eckes ... 139

Parte 4: Huida de La Habana.................... **145**

    Capítulo 17: Enfrentando un nuevo comienzo..... 147

    Capítulo 18: Abordamos el ferry a la libertad...... 159

    Capítulo 19: La era temprana de Castro:
    Los Milicianos................................. 167

Exilio

Parte 5: Adolescente estadounidense.............. **175**

    Capítulo 20: Regreso a la Escuela Graham Eckes... 177

    Capítulo 21: Flamingo Park..................... 187

    Capítulo 22: Miami Beach Senior High School.... 191

    Capítulo 23: Recuperamos a nuestros perros...... 197

    Capítulo 24: Amor de cachorro................. 205

Parte 6: Me pongo las pilas..................... **213**

    Capítulo 25: Pensamiento crítico................ 215

    Capítulo 26: "Chaval" Español.................. 225

    Capítulo 27: Conozco a Mary Carmen........... 239

    Capítulo 28: Papá muere....................... 245

    Capítulo 29: Regreso al Flamingo Park........... 259

Epílogo.. 265

Referencias.. 267

Agradecimientos................................... 277

Personajes

PERSONAJES PRINCIPALES

Orlando (El autor: Superman)
Orlando (El niño: Superboy)
Dios (El coautor)
Humberto (El hermano de Orlando)
El fantasma de Humberto
El fantasma de mamá
El fantasma de papá

PERSONAJES SECUNDARIOS

Rita (abuela materna)
Esperanza (abuela paterna)
Madeline (1ª novia)
Mary Carmen (2ª novia)
Ana Maria (La hermana de Orlando)
Tia Chely (Tía Tá)
Tío Orlando Piedra (Jefe del FBI cubano)
René (Lex Luthor)

Prefacio

Encontrando un superhéroe en la Habana es una memoria de la infancia escrita al estilo de una novela de fantasía, sobre un niño que busca a su alter ego, "Superboy", y un adulto, "Superman", que busca a su familia---ahora físicamente ausente pero espiritualmente presente como fuerzas --- fantasmas que animan su vida. Este es también un viaje espiritual, que explica cómo la resurrección de Dios induce posibilidades para que su ascendencia y su hermano sobrevivan a la muerte corporal para reaparecer como fantasmas, convirtiéndose en una influencia positiva en su viaje. Sus acciones de hoy retratan un espíritu generoso marcado por el entusiasmo, la bondad y el coraje.

¿Realmente creo en los fantasmas? Por supuesto, lo hago, mucho más allá y superando con creces mi frágil "realidad" a menudo fracturada. Mis fantasmas me ayudaron a escribir estas memorias, especialmente por la noche camuflada por la oscuridad. ¡Qué maravilla conocer a todos los fantasmas de mi pasado! Tenía miedo, pero me sentía emocionado de contarles a los demás lo que me sucedió, esperando que mis logros y fracasos ayudaran a guiar el viaje vitalicio de otra persona.

¿Realmente creo en Dios? Una vez más, digo, por supuesto que sí, mucho más allá y superando con creces mi "realidad" a menudo fracturada y frágil. A lo largo del cuento, desafío al Creador a explicar mi camino, así como el de mis fantasmas. Aquí radica la lucha de Superboy vs Dios. Para aclarar ideas, le pedí a Dios que fuera *coautor*. Él aceptó. Me apegué a Él. Todo el mundo está apegado a algo o alguien, hasta que no lo estamos. Múltiples apegos y desapegos definieron el curso de mi vida, explicado a través de momentos en el tiempo, vividos durante días impactantes que recuerdo.

Para que un individuo tenga una buena vida o tenga una que valga la pena vivir, sostuvo Sócrates, debe ser un interrogador crítico o debe tener un alma interrogativa. Sócrates estableció la importancia de hacer preguntas difíciles que indaguen profundamente en el pensamiento antes de aceptar las ideas como dignas de creer. Por lo tanto, mi propósito se convirtió en dilucidar algunas verdades sobre los eventos que formaron los recuerdos, luego transcribir su contenido a una filosofía de la razón para ayudar a los demás. Parecía complicado.

A los setenta y cuatro años, mi pasado es enrevesado, ya que las imágenes se desdibujan y las posibilidades se sienten infinitas. ¿Qué escuché y vi que fue tan notable y digno de mención? Busqué recuerdos del día más importante de mi vida, del mediodía, la víspera de Año Nuevo, de 1958 hasta la medianoche, el día de Año Nuevo de 1959, un día de 36 horas. Se convirtió en un nuevo comienzo. Tenía doce años.

Busqué de nuevo por qué debería embarcarme en este esfuerzo y me di cuenta de que el *respeto* es lo que realmente quería cuando era niño, y todavía lo hago. Pero aún más importante era contar la historia de mi familia. Pensé: "Les mostraré a todos la gran familia que tuve, y quién era y en quién me convertí".

Y luego tropecé. Recuerdo ser un buen chico, divertido y sano, pero preocupado por su autoimagen. Deseando retratar mi infancia bajo una buena luz, resolví:

"Me voy a ver bien pase lo que pase".

Quería mostrar mi increíble infancia. Entonces, creé un impresionante contorno sinóptico de *mí*, como una pirámide con un "súper yo", *Superboy*, en la parte superior, todos y todo lo demás debajo construyendo mi superpoder un bloque a la vez.

Me di cuenta de que mi nuevo trabajo, escribir mi primer libro, podría ser tan emocionante como quisiera; solo yo sabría si algo era verdadero o falso, a menos que te lo dijera. Por lo tanto, elegí contar mis "historias" coloreadas por mis percepciones, ¿eligiendo el *día más feliz?* ¿el día *más triste? El día más afortunado*. Ahora, tenía un método para relacionar mi infancia con personajes extraordinarios, momentos difíciles o situaciones estresantes. El amor, el odio, el racismo, el miedo, la familia, la política, el cambio social, el sexo y el béisbol eran las inquietudes más relevantes. Hacen que mis memorias sean reales.

Pero empecé a preocuparme. Necesitaba algo para cimentar todo lo demás: *confianza*. De repente, lo escuché en lo más profundo, mientras Su voz seguía paulatinamente ascendiendo con mayor claridad…

"Orlando, Orlando, escúchame".

"¡Oh, Dios mío!" Exclamé, lleno de miedo y asombro.

"Debes decir la verdad", dijo.

"Sí, prometo nunca mentir", respondí.

Le aseguré: "La historia que escribiré es una historia de cosas [que] y personas [quienes] se convirtieron en parte de mi vida. Prometo decir la verdad". Entonces, mentí. No sabía cómo ni dónde encontrar mis vivencias. Luché con la divulgación de mi verdad.

Sabiendo que la totalidad del trabajo debería tener sentido, me entregué al *pensamiento crítico*. El razonamiento espiritual y religioso parecen haber tenido un gran impacto en mi vida. Buscando eventos relevantes para mi mundo antes y después de ese día tan importante, recordé haber leído cómics de *Superman*. Soñé la historia de mí mismo como alguien que no era, un superhéroe, increíble, atrevido y lleno de eventos relevantes de vida y muerte. Sin embargo, ¡el personaje principal (Superboy) ni siquiera iba a ser yo!

El superhéroe ficticio nació en el planeta Krypton y se llamó Kal-El. Cuando era bebé, fue enviado a la Tierra en una pequeña nave espacial por su padre científico Jor-El, momentos antes de que Krypton fuera destruido en un cataclismo natural. Su nave espacial aterrizó en el campo americano (Kansas); fué encontrado por un granjero que pasaba por el lugar en su automóvil, y fue adoptado por los granjeros Jonathan y Martha Kent, quienes lo llamaron *Clark Kent*.

Mostrando habilidades sobrehumanas, como una fuerza increíble y una piel impermeable, sus padres adoptivos le aconsejaron que luchara en beneficio de la humanidad. Él decide luchar contra el crimen como vigilante. Para proteger su privacidad, ya trabajando como reportero del periódico The Daily News, se pone un traje colorido y usa el alias <Superman> cuando lucha contra el crimen.

Clark Kent se muda de Smallville, su ciudad natal, a Metrópolis para asistir a la escuela de periodismo. Lleva gafas como disfraz para su identidad civil.

Prefacio

Las aventuras de Superboy incluyen la historia de cómo se reunió con su súper perro, Krypto; cómo su amigo, el científico adolescente Lex Luthor, se convierte en su enemigo acérrimo; y cómo se une a la Legión de Superhéroes del siglo XXX.

Buscando la conexión entre yo, el personaje principal, y mi superhéroe favorito, razoné su incorporación a mi autobiografía contemplando una lista de las increíbles hazañas, fortalezas y debilidades de un superhéroe. Me pregunté: ¿Qué características deseables de los superhéroes existen? Me autoanalicé. Tenía algunas.

Para ser sincero, me faltaba coraje, fuerza física, respeto por mí mismo, determinación y capacidad (tenía el deseo) de proteger al mundo. Recuerdo ser de mente abierta, curioso y creativo, enamorado de mi entorno. Me faltaba valentía y liderazgo. Era honesto, amoroso y amable, pero carecía de prudencia, humildad y perdón. Era humorístico, analítico, empático y armonioso, un soñador, pero carecía de autorregulación e intelecto. A pesar de todos los aspectos negativos, estaba encontrando superhéroes. Todo comenzó a desarrollarse cuando creé a mi personaje principal.

No me disfrazaba de superhéroe, no era capaz de alcanzar la velocidad de la luz, ni usaba anteojos, y mi visión 20/20 de la infancia y niñez cubana era incapaz de lanzar energía térmica infrarroja. Pero "vi y escuché" un mundo invisible e inaudible para otros. Afortunadamente, mi Ma y Pa no eran padres adoptivos. Dudo llegar al siglo XXX, y La Habana no era ninguna Smallville. Crecí dentro de una familia políticamente SUPER poderosa, en vecindarios llenos de todo lo que cualquier niño podría querer o desear tener o soñar con poseer.

Aún así, no sabía por dónde empezar. Buscando hechos, comencé una conversación conmigo mismo.

Orlando--- No estoy seguro de la existencia de Dios; ¿cómo puedo estar seguro de nada?

Superboy--- Sé que todos los seres vivos, incluidos los humanos, pueden rastrear su comienzo a un ancestro común, Dios, o un mono si eres ateo. El apego a Él es una elección, como lo es negar la creación y abrazar la evolución. Sé que tomarás la decisión correcta: Cree en Él.

Orlando--- Eres mi superhéroe. ¡Para contar mi historia, necesito encontrarte!

Mi labor se estaba poniendo cada vez más difícil ... Le pedí ayuda a Dios.

Orlando--- Dios, ¿podrías ser, por favor, mi coautor? ¡Necesito tu poder para encontrar mi verdad!

Dios--- Muy bien, vamos a resumir. Naciste en Cuba, de padres blancos también nacidos allí, descendientes directos de *los conquistadores españoles*. Investiga tu ascendencia. Ésta es tu autobiografía. Debes averiguar de dónde vienes y de quién procedes.

Orlando--- Hagámoslo juntos, Señor

CUBA
Parte 1

Y Así, Comienza

(2017)

Capítulo 1
La Historia de un Niño

Permítame presentarme.
Me llamo Orlando.

Un sábado por la mañana a principios del año 2017, alrededor de las 5 de la mañana, me senté en un cómodo sofá en la sala de estar y comencé a escribir. "Yo soy ... dramático, dinámico, *'inquieto', emprendedor, arriesgado,* soñador, etc." Unas dos horas después, mi esposa, Mary Carmen, se despertó y se unió a mí.

Mary Carmen--- Te levantaste temprano.
Orlando--- Estoy escribiendo. Empecé mi libro.

Le pedí orientación--- lo cual hago a menudo. Ella sonrió.

Mary Carmen--- No uses tu trabajo para expresar quejas, ajustar cuentas o alimentar resentimientos. ¿Está en inglés o español?
Orlando--- ¿Estás siendo chistosa?
Mary Carmen--- No [mentira blanca].
Orlando--- ambos. Será auténtico, un documental sin restricciones. Seré sincero conmigo mismo en un estilo compatible con mi personalidad, en línea con el niño que fuí, el mundo que experimenté y aquellos que lo compartieron, y omitiré detalles que podrían avergonzar o dañar la reputación de cualquiera.

Sabiendo que mi promesa era algo irreal, me dió "la mirada".

Orlando--- Por favor, descríbeme con tus propias palabras.

Mary Carmen--- Eres reflexivo, preocupado, orientado a la familia, despiadado.

Orlando--- ¿Como Stalin, Lenin, Hitler?

Ella sonrió de nuevo. Sé que puedo contar con esa sonrisa. No es una necesidad para el éxito, pero ayuda. Le dije que Dios me había escrito una carta.

Mary Carmen--- ¿Qué?

Orlando--- Para empezar, Dios me dijo: "debes decidir dónde comenzarás tu historia". Por lo tanto, escuché atentamente, para buscar Su Verdad como guía. Después de todo, Él es mi coautor.

Mary Carmen--- ¿Qué?

Orlando--- Él dijo: "Cada capítulo debe ser significativo, decir la verdad y fluir"... No lo aceptaría de ninguna otra manera.

Realmente necesitaba ayuda. Deseando inspiración, me di cuenta de que estaba escuchando una canción, interpretada por la cantante belga, Donna Winner, "One Moment in Time". El último verso:

> *"Dáme un momento en el tiempo*
> *Cuando soy más de lo que pensaba que podría ser*
> *Cuando todos mis sueños están a sólo un latido de distancia*
> *Y las respuestas dependen todas de mí*
> *Dáme un momento en el tiempo*
> *Cuando estoy corriendo con el destino*
> *Entonces, en ése momento del tiempo, seré,*
> *Seré libre".*

—John Bettis and Albert Hammond.

Orlando--- ¡Eso es! Buscaré, recuperaré y escribiré momentos relevantes en el tiempo, entonces, ¡seré libre!

Consciente de ser demasiado serio o aburrido, me prometí divertirme mientras escribía. Buscando de nuevo la manera correcta de comenzar mi historia, las ideas comenzaron a aclararse. Entonces, la realidad golpeó. No recuerdo lo que hice ayer; ¿Cómo recordaré hace sesenta años?

Traté de dar sentido a los recuerdos borrosos que se aferraban a la tristeza nacida de la pérdida personal, llevada diariamente en mis huesos. Mis ojos llorosos se aguaron.

Ésto provocó un estudio profundo de la ciencia de la memoria y la psicología infantil [interesante]. Tuve que encontrar algo de ayuda [difícil], leer autobiografías [aburrido], pasar muchas horas sentado [imposible], y rogarle a mi esposa [fácil] que leyera [desafiante] o que escuchara [intolerable] lo que escribí.

El formato del libro es extraño. Está escrito en inglés y español conversacional, simplemente porque soy bilingüe. Mis comentarios y las conversaciones entre personajes aparecen simultáneamente. Mientras escribía el esquema pensé, Dios mío, ¡qué desastre!

Sabiamente, Dios intervino para arreglarlo todo.

Dios--- Tus significantes tratan con la ruptura humana, el racismo, la justicia, la fragmentación generacional de la mayoría de la población de un país, el desastre financiero, la separación familiar, el hambre y la muerte. Después de llegar a los Estados Unidos, tú y tu familia vieron oportunidades para el éxito financiero, la reunificación familiar, la educación contínua y una mejor salud. ¿Correcto?

Orlando--- Sí, el sueño de volver a acceder a la posibilidad de reabrirte nuestros corazones, tanto a través de la victoria como de la derrota; recuperar nuestra humanidad como fundamento de esperanza, fé y amor, particularmente entre aquéllos que alcanzaron la libertad.

Dios--- Así que no todo fué malo.

Orlando--- No dije que lo fuera.

Al no poder contener las lágrimas, comencé a llorar; todo lo que podía pensar era en el día en que salimos de Cuba, para nunca regresar. Fué la primera vez que vi el dolor y el sufrimiento de mis padres, con su confianza herida expuesta, y su miedo e impotencia me asustaron muchísimo.

Perderlo todo y, encima, con mi mundo virado al revés, hizo que apareciera una dicotomía: una gran pérdida (Cuba) se convirtió en una mayor ganancia --- *La Libertad*.

Orlando--- *¡Pépe! ¡Vén! ¡Juguemos a los escondidos!*
Pepe--- *Ya voy.*
Orlando--- *¡René! ¡Vístete! ¡Mamá nos va a llevar a comer helado!*
René--- *Ya voy.*

Mirando hacia adentro, buscando la verdad, veo a más de una persona--- en realidad tres: un niño débil, un niño fuerte y un niño adulto manipulando a los dos primeros. Me he dado cuenta de algo increíble, totalmente nuevo para mi autoimagen. Tenía una triple personalidad: El Bueno, El Malo y El Feo.

Orlando es el escritor, el autor de la historia del niño que fuí, con demasiada frecuencia auto imaginado como "el feo" y asustado de cada nueva experiencia, pero dispuesto a darle una oportunidad a vivir.

Superboy era mi superhéroe, un alter ego imaginario, dueño de una imagen sobresaliente de sí mismo: el niño fabuloso, atrevido, poderoso y, sin embargo, amable, "el bueno" que soñé ser.

Humberto, mi hermano, "el malo" sabelotodo, intrépido "adulto" se convirtió en la tercera parte de lo que yo era. Teníamos una relación de amor-odio.

Mi madre (Superwoman) me animó a creer que era Superboy, así que me propuse convertirme en un superhéroe. Mamá y yo éramos cercanos. Élla éra como Dios, omnisciente, omnipotente y omnipresente, capaz de mantener una existencia eterna y necesaria. Tanto élla como papá fueron mis superhéroes.

Cada nueva experiencia impactó mi aprendizaje de supervivencia, exactamente como ambos padres pretendieron que lo hiciera. Apoyándome en su fuerte liderazgo, encontré mi apoyo, especialmente de mamá, ya que Chona (apodo de mamá) ejemplificó la fortaleza mental y la fortaleza moral, trazando el camino a seguir.

Otras madres de la familia lideraron de la misma manera: Rita Piedra, mamá de mamá; Esperanza Pérez, mamá de papá; y la tía Chely (Tía Tá), hermana de papá.

Con cada nuevo encuentro, pensé, ¿un amigo o un enemigo? ¿Algo bueno o malo? ¿Un ayudante o un deshabilitador? ¿Una victoria para celebrar más tarde o una derrota para arrepentirse?

A medida que encontré mis personajes, construí mi personalidad, y adopté éste comportamiento que llevó a la creación de mi persona, reflejando modelos a seguir, o lo contrario, a rechazar. También sentí un creciente apego a mi hermano, Humberto.

Dios--- No te preocupes, Superboy. Juntos, lo lograremos.

Capítulo 2
Una carta de Dios

Querido Orlando,

No eres Superman, tampoco fuiste Superboy. Tu problema es creer que eras y eres sobrehumano. Soy la única entidad sobrehumana tanto en el planeta como en el universo. Yo fui humano, una vez, a través de mi hijo, y su nombre era Jesús. ¿Qué estás haciendo, en Mi Nombre? ¿Quién te crees que eres?

El trabajo de mi vida fue la salvación del hombre. No hay regalo más grande que tú. Pasé treinta y tres años preocupándome por ti, y ahora me siento bien al ver tu compromiso conmigo. Aunque, debo decir, caes como presa de Satanás con demasiada frecuencia. Fuiste un niño débil y ahora eres un adulto débil.

No dejes de amarte a ti mismo, porque entonces no sentiré tu amor por mí. No dejes de trabajar en nombre de tus hermanos y hermanas, porque eso hará que mi día esté mucho más ocupado. No me llores un río de lágrimas de dolor, decepciones y lucha, porque mi copa corre con los océanos de la sangre, el sudor y las lágrimas derramadas por las víctimas mientras intentaban sobrevivir al hambre, la limpieza étnica, el homicidio masivo, la pobreza, el tráfico de niños, las drogas ilícitas y el suicidio.

Por favor, comprende mi situación. Tengo empatía y siento que ahora estás en el camino correcto hacia donde crees que debes ir. Pero no te desesperes, todo lo que tienes que hacer es confiar en mí.

    Tuyo celestial,
    Dios.

Capítulo 3
Mi idioma

Los primeros cinco años de vida fueron especialmente críticos a medida que maduraba a través de fases durante las cuales exploré mi entorno. También aprendí habilidades verbales y de razonamiento, socialicé con otros y, finalmente, afirmé mi sueño de independencia. Priorizando mi seguridad y desarrollo fructífero, mi familia y yo pasamos la mayor parte de este tiempo en un suburbio de La Habana llamado, *La Víbora*.

Tardé en comenzar a hablar, pero una vez que empecé, se hizo difícil detenerme. Investigadores lingüísticos encontraron similitudes en la adquisición del lenguaje entre culturas discerniendo cómo los padres deben comunicarse con sus niños para ayudarlos a desarrollar un nuevo vocabulario.

Mi madre disfrutaba contar la historia de lo que parecía ser un trastorno del lenguaje expresivo que me dificultaba encontrar las palabras correctas y formar oraciones claras al hablar. La forma en que verbalizaba la palabra "naranja" era "cherna" porque esta fruta se originó en China y probablemente la escuché como *"naranja China"*, pronunciada *"cheena"* en español. Hasta el día de hoy, el fantasma de mi madre me habla sobre cómo expresarme.

El fantasma de mamá--- Estás escribiendo un libro. Cuéntame más sobre tu estilo. ¿Será claro en la expresión del contenido, fluyendo a través de ideas simples expresadas en palabras fáciles de leer y entender? Sugiero que uses definiciones de palabras y citas, y letras de música que encuentres fundamentales para mejorar la comprensión del lector; quiero decir, para que el lector siga tu línea de pensamiento.

Orlando--- Sí, mamá, eso es exactamente lo que estoy haciendo. Quiero decir, lo que "nosotros" estamos haciendo.

El fantasma de mamá--- ¿Qué quieres decir con "nosotros"?

Dios--- Soy su coautor.

El fantasma de papá--- ¡Dios mío! No puedo esperar para leerlo.

Orlando--- ¡Hay tanto que he aprendido! Cosas que nunca pensé que existieran.

El fantasma de papá--- Tu lenguaje en éste libro promete ser complicado, pero también profundo e interesante.

Dios--- Algunas palabras son más significativas que otras. En cuanto a nuestra capacidad para recuperarlas de la memoria accesible. La calidad de las relaciones de Orlando, la confianza con la que vivió su joven vida, y la diferencia que hizo en la vida de los demás, se convirtieron en su disfrute de la vida, mientras sus sueños brotaban como parte integral de la familia. Estoy seguro de que se convertirá en un escritor concienzudo.

La presión que mi madre ejerció sobre mí mientras escribía se convirtió en una fuente de preocupación. ¿Cómo podría elaborar un lenguaje que su fantasma pudiera, debiera o quisiera aceptar? Su influencia en mi vida temprana fue significativa, usando la persuasión y la intimidación al para guiar mi desarrollo.

Madre siempre nos recordaba que "la familia es el espejo sobre el cual presentamos nuestra imágen para aprobación". Ella decía: "sólo quiero que sepas, que cuando le cuentes a todos sobre ti mismo y tu familia, presta mucha atención a la información divulgada o prepárate a pagar las consecuencias".

Su filosofía de crianza no estaba orientada a aceptar a sus hijos como quienes éramos, sino que se inclinaba más hacia guiarnos para convertirnos en adultos "normales" --- es decir, *en su imágen y semejanza.* Ella enfatizó el comportamiento normal como aquél que seguía principios idénticos a los enseñados y exigidos por sus padres, Rita y José, cuando ella y sus hermanos crecieron en Cuba.

El fantasma de papá, por otro lado, no ejerció presión alguna cuando comencé a revelar mi interés en escribir mi historia. Gracias a su trabajo como oficial superior de aduanas, tanto en el Puerto de La Habana como en su Aeropuerto Internacional Rancho Bolleros "José Martí", papá era un "viajero del mundo" sin salir de la isla. Su educación creció con varias palabras no hispanas; los extranjeros que conoció enriquecieron su lenguaje comercial, proporcionando recursos de los que mamá carecía.

Aunque en la superficie parecía que no estaba demasiado preocupado por el contenido de mi historia o la forma en que la estaba escribiendo, su sóla presencia me proporcionó consuelo mientras escuchaba con gran interés y atención todo lo que decía, le veía hacer, o escuchaba lo que hacía.

El fantasma de mamá --- Hijo, lo que sea que vayas a "recordar" cuando escribas, es mejor que esta historia sea buena y decente. Quiero decir, yo no escribiría nada malo sobre tu familia.

Mamá me recordaba que "lo mantuviera limpio", ligero y no demasiado divertido, y sobre todo "respetuoso" para que no se avergonzara. Ella enfatizó que no debería detenerme demasiado en las conexiones familiares.

Orlando--- Mamá, tu alma está en el cielo ahora; sé feliz y deja de preocuparte por mis problemas como escritor. Estoy tratando de descubrir mi infancia, y resulta que estás en ella.

El fantasma de mamá--- Es alarmante. Simplemente no repitas lo que escuchaste en casa.

Los Piedra trabajaron en el gobierno, ocupando posiciones claves de liderazgo en un país en guerra. Mamá no quería revelar secretos del gobierno que escuché durante las conversaciones de adultos.

Orlando--- Mamá, sólo estoy tratando de ser yo, un anciano auténtico, escribiendo sobre el niño auténtico en su memoria. Uno de mis mayores desafíos es no juzgar a los demás.

El fantasma de mamá--- Al mismo tiempo, fuiste juzgado.

Dios--- Juzgar a nuevos conocidos y miembros de la familia se convirtió en un elemento básico del crecimiento, pero no ayudó en tus relaciones; lo real se convirtió en fantasía cuando "encasillaste" a las personas en cajones y cajas.

El fantasma de mamá--- Juzgar a las personas no define quiénes son, sino quién eres *tú*.

Dios--- Cuando juzgas, expresas tu fuerte desaprobación de alguien o algo. Si eres demasiado crítico con tu trabajo, un miembro de la familia, un vecino o incluso contigo mismo, tiendes a criticar cada pequeña molestia.

El fantasma de papá--- Lo peor de las personas que juzgan a los demás es que tienden a actuar como personas moralmente superiores, como si estuvieran en condiciones de juzgar las acciones de otras personas.

Orlando--- A veces, me encuentro gritándole a otro conductor en la carretera por su comportamiento de conducción agresivo. Sabiendo que hago lo mismo, está claro que necesito mirar mi propio comportamiento mientras conduzco antes de emitir un juicio.

El fantasma de papá--- Debes tener cuidado de no juzgar a alguien que no te parezca inteligente, competente, amable o capaz de proporcionar servicios tan eficientemente como tú. Él o ella puede estar resolviendo un problema de una manera diferente a como tú lo harías. O tal vez tienen un horario diferente al tuyo.

Orlando--- Debo confesar: las verdades y fantasías que afectaron mi desarrollo resultaron intimidantes hasta que se resolvieron para mi satisfacción, mientras construía la *confianza* necesaria para lograr estar bien adaptado y equilibrado.

El fantasma de papá--- confío en ti, hijo. Estoy seguro de que tu lenguaje reflejará las percepciones derivadas de esas verdades y fantasías, logrando que su claro conocimiento se transfiera a tus memorias.

Dios--- Tus años más jóvenes presentaron desafíos. Resolver cada uno, enriqueció tu memoria. Otros problemas no se resolvieron, convirtiéndose en una falla de "almacenamiento".

Orlando--- Tienes razón. Mi lenguaje se limita al conocimiento personal. Probablemente todavía rechazo esos fracasos, aferrándome a recuerdos agradables mientras descarto eventos dolorosos.

Hay muchas cosas que sabía: cómo obtuve mi nombre, quién me enseñó a conducir un carro, a leer, a caminar. Los mejores jugadores de béisbol del mundo. Mis miedos y malos sueños, como el de Humberto ahogándose. Ambos estábamos *en* el océano y me esforcé por salvarlo, pero no pude. Se ahogó.

El fantasma de papá--- Es posible que no desees compartir una experiencia dolorosa desde tu memoria accesible. Sé que tienes miedo. No te preocupes; estarás bien. Permanece sincero y honesto contigo mismo y con todos los demás.

Orlando--- Es más fácil decirlo que hacerlo. Es difícil vivir y compartir la verdad, por lo que nos mentimos a nosotros mismos y a los demás. La honestidad es difícil de encontrar porque es difícil de dar.

"Es una palabra tan solitaria, porque casi nunca se escucha," escribió Billy Joel. "No es de extrañar que la verdad sea más extraña que la ficción. La ficción debe tener sentido," escribió Mark Twain.

Orlando--- Sí, lo es, Billy, poca gente habla libremente con honestidad, y, sí, Mark, la verdad absoluta es irreal; fluye desde el subconsciente. Los niños y los locos nunca mienten. Los niños construyen su verdad argumentando, usando la negación de la verdad paternal y maternal a medida que se desarrollan mentalmente hacia su ser adulto. Las "realidades" personales son guardadas por los niños como verdades absolutas para luego disfrutar, o sufrir, como adultos, su fantasía. La verdad acaba siendo lo que cada niño quiere que sea.

¿Quiénes somos "nosotros"? ¿Quién era yo? Según Freud, yo era tres:

Orlandito (Little Orlando), el *"Id"---* mi naturaleza animal más primitiva.

Superboy, el *"Superego"---* el niño que yo quería ser, en sintonía con un sistema de juicios impuestos por la sociedad de la que anhelaba formar parte.

Orlando, el *"Ego!"*--- el alma atribulada que intenta equilibrarse acomodando a los otros dos.

Escribo este cuento usando un lenguaje que expondrá mi transformación de Orlandito, a través de Superboy, a Orlando (Superman). Los múltiples espejos colocados en a diferentes ángulos de mi visión reflejan esa conversión que informa la historia.

Sin que yo lo supiera en ese momento, todas las personas que conocí durante mi infancia eran racistas, incluso mis abuelas---Esperanza y Rita--- las personas más dulces del mundo. Para ellas, no debería tener sentido tener que aceptar el racismo; ya era la centenaria "ley de la tierra" a plena vista. Era algo que sabían que sabían, y hablaban de ello con certeza y rectitud como referenciando algo que fué otorgado por Dios; es decir, ser blanco y rico, o negro y pobre, en riqueza y educación, o en su falta, en salud y acceso a ella, o en su ausencia, y en el derecho a mezclarse socialmente, o el rechazo de hacerlo.

Podrían ser honestos [veraces] sin sentir culpa. Percibían el racismo sólo en los demás, negando su existencia dentro de sí mismos. Todo parecía razonable en el contexto de los tiempos. Nada diferente a mis amigos de la niñez, todos blancos. No veía nada malo en ello.

A medida que la sociedad **avanzó** y aparecieron nuevas demandas de derechos humanos, nadie en la familia inicialmente apoyó los derechos de los negros a reunirse en clubs privados, hoteles y escuelas, pero nunca se supe que alguien se sintió ofendido por aquéllos -negros-que accedieron nuestro mundo. Nunca escuché a nadie en mi familia hablar de "ellos" despectivamente. No recuerdo un solo comentario ofensivo, un comentario racista; pero nadie hablaba de su progreso, de su difícil situación, temiendo que puntos de vista conflictivos, nacidos de prejuicios, brillaran una luz negativa sobre ellos.

* * * * *

El fantasma de papá--- Orlando, ponte en contacto con tu niño interior. No te preocupes por los fantasmas de tu madre o de tu hermano. Puedes ser tú mismo sólo si permites que otros sean ellos mismos. Sigue tu intuición. Ora a tu coautor para que fortalezca fortalecer tu determinación de permanecer auténtico.
Dios--- Orlando, te ayudaré a luchar contra la negación de tu verdad para que sepas quién eras realmente.
Superboy--- Orlando, debes permanecer lúcido y valiente para transcribir tu realidad a tu trabajo.
Orlando--- Gracias a los tres. Sólo ayúdenme a mantener a raya a mamá y a Humberto.

Capítulo 4
Nombrar a un Recién Nacido

Durante el mes de febrero de 1946, mi hermano, Humberto, interrumpió una conversación familiar en el apartamento de mis padres en La Habana Vieja. La reunión familiar fué organizada por mi madre para anunciar que estaba embarazada y solicitar opiniones para nombrarme. Al final del día, tenían "Orlando" como primera opción. *Humbertico* (pequeño Humberto) necesitaba un cambio de pañal.

Las costumbres españolas en materia de nombres estipulan un nombre de pila seguido de dos apellidos: primero, el del padre, y segundo, el de la madre. Todos los apellidos paternos (García, en mi caso) más el apellido materno (Piedra) se mantuvieron en registros eclesiásticos en la parroquia local. Con el bautismo, se agregó un tercer nombre, en mi caso, "de Jesús," similar al segundo nombre "middle name" usado en los Estados Unidos --- aunque no necesariamente bautismal. Mis padres agregaron "de Jesús"--- es decir, pertenecer a Jesús--- a mi nombre. Decidido antes de que yo naciera, me convertí en Orlando de Jesús García Piedra.

El fantasma de mamá--- Este sistema garantizaba a todos mis hijos, Humberto, Ana María, y a ti, que mantuviesen los apellidos de sus padres, García y Piedra, siguiendo la ley civil, sin dejar de honrar el dogma católico del bautismo, durante el curso de toda vuestra vida.

Ella tenía razón, pero sólo era cierto para los hombres. En el caso de las mujeres, era cierto sólo mientras estaban aún solteras. Más tarde, con el matrimonio, el esposo [papá] mantendría tanto su apellido paterno (García) como el materno (Pérez), mientras que la esposa [mamá] mantendría sólo su apellido paterno (Piedra). Mamá "perdió" su nombre materno (Negueruela) y, en su lugar, agregó la preposición "de" (of) después de su apellido, Piedra: Oraida Piedra *de* García.

Al preceder el apellido de papá (García), la palabra "de" implicaba que literalmente se identificaba como socialmente perteneciente a papá. Utilizada sólo en conversación social, ésta tradición masculina fué concebida y transmitida como creencia sexista de que las mujeres nacieron para servir a los hombres, aprobándose, de facto, la lealtad excesiva o prejuiciosa a un esposo como la forma "natural" de comportarse. Mostraba fuerza y poder masculino.

Orlando--- Siendo un feto, antes de mi nacimiento, pertenecía a Jesucristo. Mi nombre era Orlando. Luego, en el Bautismo agregaste "de Jesús". No tenía idea de que nombrar a alguien era tan complicado.

El fantasma de mamá--- Todo te parecía complicado porque eras solo un niño.

Orlando--- Entonces, mamá, mantuviste tu apellido (Piedra) pero lo seguiste con "de García", implicando que pertenecías a papá, supuestamente para siempre, ¿no es así?

El fantasma de papá--- Mostrando una sonrisa traviesa - "Oraida Piedra *de* García."

Orlando--- ¿Por qué tuvo mamá que perder el apellido de su madre? ¿La consideraste una esclava, o algo así? ¿Creías que la poseías?

El fantasma de papá--- Un signo de los tiempos y el lugar, afortunadamente ya desaparecido en la mayoría de los hogares.

Orlando--- ¿Por qué se elegiste "Orlando"?

El fantasma de mamá--- Elegir un nombre es una experiencia muy personal.

El fantasma de Esperanza--- Por tradición, yo, tu abuela paterna, tenía el derecho de escoger el nombre de mis nietos primero, o por lo menos retener la voz cantante en la decisión final.

Sin embargo, Tío Orlando (Landín), considerado *el padrino* por todos en la familia, estaba exiliado políticamente en Miami después del primer mandato presidencial de Batista, en los años cuarenta. Durante ése tiempo, su vida estuvo en riesgo. Entonces, mamá le ofreció a la Virgen María ponerme el nombre de su hermano con la implicación espiritual de protección celestial.

Orlando--- yo era Orlando, pero también "Gallego;" Humberto me llamaba así.

Superboy--- Entonces, ¿quién te nombró, quiero decir, quién nos nombró a nosotros?

Orlando--- Lo siento, Superboy. No quiero decepcionarte, pero fuí yo quien te dió tu nombre. Estoy escribiendo esta historia, en la que apareces unos años después de mi nacimiento. Fué entonces cuando te nombré. Estoy tratando de averiguar quién me nombró a mí.

El fantasma de Esperanza--- *Ya te lo dije. Lo hice yo.*

El fantasma de mamá--- *No, Esperanza, Usted no fué. Yo nombré a Orlandito con el nombre de Landín.*

Orlando--- Por favor, sácame de mi miseria.

El fantasma de mamá--- ¿Qué quieres decir?

Orlando--- Tu verdadero nombre era Chona.

El fantasma de mamá--- No, no lo fué. Mi nombre "real", como tú dices, era Oraida Piedra Negueruela. Piedra, por parte de mi padre, Negueruela, la de mi madre.

Orlando--- Entonces, ¿por qué todos te llamaban Chona?

El fantasma de mamá--- Ése era mi apodo, pero no tienes permiso para llamarme así.

Orlando--- No me gusta esa palabra. Significa *chancho* o "cerdo".

El fantasma de papá--- Los apodos (apodos) son dados por amigos y otras personas a alguien de quien desean burlarse.

Dios--- Cuando es despectivo, alimenta la crueldad y disminuye al receptor. La solución es clara, y un remedio está fácilmente disponible. Alguien podría decir: ¡Ya basta! Pero prefieren quedarse callados, para mezclarse con la crueldad de los demás. Ésta postura ejemplifica una mentalidad descuidada.

El fantasma de papá--- Parecida a una manada, personas en el grupo, de acuerdo o no con el apodo, callan, y otorgan, mientras permanecen inactivas hacia el sufrimiento de otro.

El fantasma de mamá--- Algunas personas son cobardes y crueles. Cuando éramos niños, a los once nos dieron apodos: Los niños--- Landín (Orlando), Tata (Onelio), Tito (Octavio), Papi (Obdulio) y Chirrino (Osvaldo). Las niñas--- Chicha (Osilia), Avin (Olivia), Chona (Oraida), Ofelin (Ofelia) y Piojillo (Ondina), la más joven.

El fantasma de papá--- Mis amigos también me llamaban Gallego. Es por lo que tus amigos te llamaron de la misma manera. Después de todo, todo el mundo dice que eres mi *"imágen y semejanza"*.

Orlando--- Mi nombre era Orlando García Piedra al nacer y todavía lo es hoy a los setenta y cuatro, excepto que ahora hay un guion entre mis "dos" apellidos. Por supuesto, quité el "de Jesús" tan pronto como pude. ¿Por qué no tenías derecho a hacer lo mismo, mamá? Podrías haber sido Oraida Piedra García. ¡No tenías que "aparentar" pertenecerle a nadie!

El fantasma de mamá--- *¡Ay, Dios mío!* Yo tenía el derecho; Simplemente elegí usarlo socialmente.

Orlando--- *Tu nombre "registrado" es tan importante como tu palabra. Define quién eres.*

El fantasma de mamá--- Sabes muy bien quién soy, o más bien quién era. Me estás faltando el respeto, y te ruego que detengas estas tonterías.

Orlando--- Si tienes la intención de permanecer sorda a mi comentario auténtico y bien intencionado sobre la naturaleza filosófica de nuestra infraestructura social, permaneceré en silencio.

El fantasma de mamá--- Creo que es una excelente idea.

Orlando--- El apellido Piedra apareció en los Estados Unidos, el Reino Unido y Canadá entre 1880 y 1920. Mi hermana, Ana María, rastreó el nombre a un pueblo en Cuenca, España, hasta el año 1601.

Dios--- ¡Qué pesadilla el censo!

Capítulo 5
En el Útero, Nacimiento e Infancia

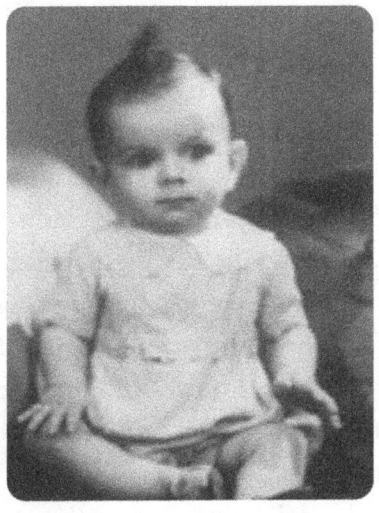

Orlando

En el útero

Mi primera experiencia de apego emocional, consecuencia espiritual de mi necesidad primordial de permanecer cerca de mi madre, mi mentora natural, me transfirió una sensación de seguridad y comodidad. Nuestro vínculo emocional se solidificó durante su embarazo, poniendo en marcha el motor de posterior desarrollo social, emocional y cognitivo.

Orlando--- Sentía su calidez cuando me hospedó dentro de ella, y ahí es donde quería estar.

Desencadenada por su dieta, la hora del día, su nivel de actividad y tal vez la cantidad de sangre que me llegaba a través de su placenta, la llamada "programación intrauterina" (IP) controlaba lo que iba a ser de mí. Consciente de mi entorno, interesado en él, desarrollé sentimientos a medida que cambiaba la temperatura, la posición y la química; incluso antes de respirar por primera vez.

Orlando--- Dios, ¿controlas la PI?

Dios--- E ciencia, la transición de entidades vivientes elementales a entidades vivientes avanzadas---*evolución*--- no fué un evento único, sino un proceso gradual de complejidad creciente. La transmisión de rasgos biológicos y bioquímicos de padres a hijos induce a las células u organismos de la descendencia a adquirir información genética de sus padres. Así es como creé y construí el universo. Los factores ambientales, genéticos y culturales afectaron su desarrollo natural de una etapa a la siguiente.

Orlando--- ¿Es así como me volví, tanto física como psicológicamente, casi idéntico a papá, más rubio y un soñador romántico, mientras que Humberto favoreció el gen Piedra, más oscuro (mulato) y cableado?

Dios--- Sí. Recuerda, Orlando, mi trabajo fué *la Creación;* tu trabajo es *la Evolución.* Yo también ayudo con eso. Por otro lado, *Génesis* habla de los comienzos---seres humanos hechos en mi imágen, el clímax de mi actividad creadora, los cielos y la tierra, la luz y las tinieblas, los mares y los cielos, la tierra y la vegetación, el sol y la luna y las estrellas, el mar y el aire y los animales terrestres, del matrimonio y la familia. Aunque imperfecta, tu superfamilia fue excepcional y sorprendente, uno de mis mejores logros humanos. Hay mucho más que una simple respuesta de sí o no a las preguntas, de dónde vienes y quién eres, y cómo sobrevives. Ten paz sabiendo que siempre estoy contigo.

El fantasma de mamá--- Entonces, hijo, comencemos con tus memorias de la infancia. ¿Vas a comenzar con tu nacimiento? Tal vez pueda ayudarte con los detalles.

Mi nacimiento

Supongo que ya sabes esto: no recuerdo ése día, el 24 de agosto de 1946, el día más increíble de mi vida. De los tres eventos principales que cambian el entorno vital de un ser humano, y la existencia física, --- concepción, nacimiento y muerte--- el segundo es probablemente el más emocionante: sin duda, el más sorprendente. Sólo puedo imaginar mi viaje a través del canal de parto. Después de haber intervenido en el parto de algunos recién nacidos, y tras observar la forma del cráneo y el edema facial causado por un trauma severo en las presentaciones cefálicas (parto de cabeza), me alegro de no recordar ése momento específico en el tiempo, pero debe haber sido increíble.

A juzgar por lo que sé, fué el día más feliz de mis padres, igual a los nacimientos de mi hermano Humberto trece meses antes, y mi hermana Ana María diez años después. Les cuento esta historia, alegre de haber vivido tanto tiempo, agradecido de haber sido tan bendecido y afortunado de haber amado y haber sido amado tan profundamente.

Mamá--- Su cabeza era enorme.

Al escuchar el recuento de mi madre sobre el parto de su segundo hijo (yo), sólo puedo suponer que fué una lucha. Ésta queja, frecuentemente dramatizada, transfirió un sentimiento de culpa y desconcierto a lo largo de mi infancia hasta que aprendí de dónde vienen los bebés y cómo salen del cuerpo de la madre. Para ella, una mujer de fé, la experiencia fué dolorosamente física pero controlada por Dios de principio a fin.

A menudo les decía a sus amigos y familiares en conversación casual: "*¡Orlando nació con una cabezota que casi me rompe el cuerpo!*"

No nací gemelo, como soñó mi madre; siempre les recordaba a todos éste deseo incumplido. Una vez le confesó a una amiga que tuvo un sueño en el que nos vió a Humberto y a mí graduarnos de la universidad el mismo día, vestidos con una combinada. Viniendo de una familia extendida, con diez hermanos bajo el mismo techo, puede haber soñado con trillizos / cuatrillizos / quintillizos, tantos como sea posible, para sentir el calor y la misma seguridad que provenía de su una gran familia.

Infancia

Durante la infancia y durante unos años más, seguí dependiendo de mamá para la mayoría de las mis necesidades. Más tarde, mi desarrollo infantil fué fuertemente influenciado y guiado por mi hermano, Humberto, trece meses mayor y diez años más sabio. Ésta primera transferencia de apego cambió la dependencia de mamá a mi hermano mayor. No recuerdo el momento exacto en que ésto ocurrió.

Orlando--- Mientras escribo, busco recuerdos de mis primeros momentos de vida en el tiempo para discernir cómo me convertí en Superboy, y quién soy hoy. Visualizar mi mundo y adquirir nuevas habilidades me ayudó a construir mecanismos de acoplamiento que me ayudaron a adaptarme a las necesidades del ambiente.

El fantasma de mamá--- Estabas observando y entendiendo el mundo que te rodeaba.

El fantasma de papá--- Tu capacidad para razonar lo que te estaba sucediendo informó las etapas de razonamiento progresivo, desde feto hasta tu nacimiento, la infancia, y más allá.

Dios--- Los factores ambientales, genéticos y culturales te afectaron, induciendo la velocidad del progreso de una etapa a la siguiente.

Orlando--- Levanté la cabeza, me dí la vuelta, gateé, caminé y, finalmente, corrí---en ése orden--- mis primeros pasos para convertirme en un superhéroe.

Cualquier "anormalidad" que pudiera indicar irregularidades en el desarrollo se abordó de inmediato. Un intento de corregirlo siguió lo más rápido posible para lograr la "normalidad". Mi madre observó mi progreso hacia los hitos del desarrollo para asegurarse de que me estaba desarrollando normalmente en cuanto a lo físico y mental. Es un reto para mí ahora explicar lo que estaba pasando, y mucho menos analizar mis sentimientos.

Dios--- Es por lo que estás escribiendo tu libro. No te desesperes. Primero, averigua los detalles del viaje desde el principio (1946 y 1947), luego, la primera infancia, seguida de la infancia media, tu adolescencia y, finalmente, tu vida adulta. Tu desarrollo físico siguió una secuencia predecible de eventos. El desarrollo psicológico era fué impredecible.

Parte 2

La Cuba que Recuerdo

(1948-1955)

Capítulo 6
La Era Pre-Castrista

"En última instancia, sabemos profundamente que el otro lado de todo miedo es la libertad".
—Mary Ferguson

Los libros de historia escritos antes de la era Castrense presentaban una narrativa diferente de la escrita después del triunfo de su Revolución. La "era revolucionaria" de los Estados Unidos comenzó con la Revolución Americana, enfrentando al ejército de George Washington contra el de Gran Bretaña. Cuando "el pueblo" habló y luchó por el país, el movimiento revolucionario condujo a la Declaración de Independencia de Estados Unidos, el 4 de julio de 1776.

Más de un siglo después, en octubre de 1868, la Declaración de Independencia de Cuba de España, fué proclamada en el Grito de Yara, por el rico terrateniente Carlos Manuel de Céspedes. Ésto marcó el comienzo de la Guerra de los Diez Años, en la que se perdieron 200.000 vidas. Más tarde, en 1895, dirigida por el nacionalista y apóstol cubano José Martí, la Guerra de Independencia de Cuba, nuevamente, enfrentó a los cubanos, que durante años desearon la independencia de España, contra los españoles.

El 21 de febrero de 1901, nuestra constitución fue aprobada.

Martí personificó "el espíritu cubano" en su poema sobre la verdad y el miedo:

> *"En verdad, el hombre habla demasiado del peligro.*
> *El zumaque venenoso crece en el campo de un hombre,*
> *la serpiente silba desde su guarida oculta,*
> *y el ojo del búho brilla en el campanario,*
> *pero el sol sigue iluminando el cielo,*
> *y la verdad continúa marchando ilesa por la tierra."*
>
> —Jose Martí

Ése estado mental, en libertad en vez de en confinamiento o bajo restricción física, transfiere un sentido confiado de poder personal capaz de una acción inmediata sin oposición ni temor a un desastre consecuente.

Francamente, nadie está completamente libre de nada, pero el pueblo cubano, ahora ciudadanos de un país libre, ejerció, desde ese instante, su el derecho a transmitir a sus hijos sus opiniones. Finalmente, teníamos una constitución, el 20 de mayo de 1902, tal y como Estados Unidos ratificó la suya el 25 de junio de 1788.

Constitucionalismo: aborda ideas, instituciones, derechos, revisión y limitaciones de los poderes gubernamentales y sirve para proteger los derechos humanos. A través de la revisión judicial, los derechos fundamentales están protegidos contra la autoridad legítima y los representantes electos del pueblo.

La constitución cubana, prohibiendo la esclavitud de adultos, fué avanzada en comparación con la de los Estados Unidos. Ambas concedieron el sufragio a los hombres blancos no terratenientes y proporcionaron libertades civiles, en lugar de someterse a un gobierno arbitrario o despótico.

"Ésa Cuba" fué el país que recibió a mi abuelo paterno, Licinio García Marcos, que emigró de España después de la Primera Guerra Mundial.

Según Fidel Castro, Cuba no era libre hasta que él la liberó. Ésta disonancia de la historia cubana más reciente, contada por el régimen de Castro versus la que conozco como un hecho, no se ha escrito. ¡Mis padres crecieron en un país libre! Gran parte de la era precastrista se caracterizó por la violencia política. Sin embargo, durante el régimen de Castro, la política no jugó ningún papel. El Comité Central del Partido Comunista gobernó el país con puño de hierro y cambió su historia sin oposición.

Ésto no es nuevo. Durante siglos, cientos de países se disolvieron, luego se reconstruyeron o desaparecieron. La fragmentación en diferentes países y los desplazamientos humanos masivos trajeron pérdidas y dolor; acabando con vidas previamente vividas.

Imagina que no hay países, no es difícil de hacer, nada por lo que matar o morir, y sin religión... John Lennon y Yoko Ono escribieron eso en 1971. ¿Es eso posible?

Lo es, si el objetivo es la vida y no la muerte; justicia y no parcialidad; libertad y no represión. Imagina la vida sin libertad de expresión, libertad de religión y libertad de prensa. Nuestros fundadores dieron sus vidas para construir un país con todas esas libertades. En mi país, Cuba, hicimos lo mismo, pero un régimen totalitario engañó al pueblo haciéndole creer que las libertades, antes "negadas," estarían garantizadas.

Filosóficamente, el pensamiento libre, sin restricciones, facilitaron la crianza de los hijos. Sin embargo, la educación en el deber cívico de uno debe preceder a la de los derechos humanos. Al igual que en el campo de entrenamiento (Boot Camp), la responsabilidad y la resiliencia deben estar presentes si Superman o Dios pueden ayudarnos de manera eficiente. Qué triste cuando ambos gobiernos, la Cuba de hoy- con el fin de controlar el contenido de la enseñanza, y los Estados Unidos- con el fin de garantizar los derechos del estudiante, se sienten obligados a "proteger" a los niños de los padres en la medida en que vemos hoy.

Imagínese a los padres y maestros de hoy compartiendo su filosofía - profundamente arraigada - su perspectiva, sobre la educación, la historia, la sociedad, la religión, la moral y los valores queridos en su corazón. En la Cuba de Castro, a los niños en la escuela se les lava el cerebro diariamente, se les induce a creer que hay libertad en Cuba.

"Imagina a todas las personas viviendo la vida en paz".
(JOHN LENNON, YOKO ONO)

* * * * *

El año 1933 marca el punto de inflexión en la política socioeconómica y filosófica en todo el mundo occidental. El 30 de enero, el líder nazi Adolf Hitler fue nombrado canciller de Alemania por el presidente alemán, Paul von Hindenburg. ¡Los nazis estaban llegando!

Los acontecimientos en Europa, que siguieron a la Gran Depresión y precedieron a la Segunda Guerra Mundial, tuvieron

La Era Pre-Castrista

un profundo impacto en la política cubana y, por extensión, en la vida privada y el entorno público de mis padres. En todo el mundo, los gobiernos iban y venían, el poder cambiaba de bando tan a menudo como el primer error político de un gobierno o gobernante, o un golpe de Estado militar; uno de los momentos más inestables de la historia, perturbando el tejido social de Cuba.

El 4 de septiembre de 1933, la "Revuelta de los Sargentos", también llamada Revolución Cubana de 1933, fue el primer golpe de Estado del sargento Batista. Oficiales de menor rango y soldados tomaron con éxito el cuartel del Comando Central de Cuba en Columbia. Marcó el comienzo de la lucha de Cuba por la libertad "real", la lucha contra el comunismo. La libertad también fue exigida al fascismo por los pueblos oprimidos en Europa y Asia.

En 1934, los porcentajes de mujeres cubanas que trabajaban fuera del hogar asistían a la escuela y practicaban el control de la natalidad superaron los porcentajes correspondientes en casi todos los demás países latinoamericanos. Las mujeres en Cuba habían sido elegidas para la Cámara de Representantes y el Senado de Cuba, sirviendo como alcaldesas, jueces, miembros del gabinete, consejeras municipales y miembros del servicio exterior cubano, todos los derechos garantizados más tarde por la Constitución de 1940, que entró en vigor el 10 de octubre. El proceso judicial fué influenciado principalmente por las ideas colectivistas que inspiraron la Revolución Cubana de 1933. Ampliamente considerada como una de las constituciones más progresistas de la época, preveía una reforma agraria, educación pública, un salario mínimo y otros programas sociales.

El 10 de marzo de 1952, Fulgencio Batista por segunda vez tomó el poder en la isla, se proclamó presidente y depuso al desacreditado presidente Carlos Prío Socarrás del Partido Auténtico. Batista canceló las elecciones presidenciales planeadas y describió su nuevo sistema como una "democracia disciplinada".

La evolución de la familia desde el ámbito público tradicional que la colocó totalmente a merced de las enseñanzas de la Iglesia Católica, ahora se encontró prosperando hacia una experiencia personal más secular de la vida privada. Antes de Castro, según recuerdo, los cubanos eran personas amantes de la diversión, imbuidas de romanticismo y folclore, música sensual y baile erótico que dominaban clubes nocturnos y fiestas privadas. Pero durante el día, el país avanzó apoyado en el trabajo duro y serio de su pueblo, y el profesionalismo, y las complejas creencias basadas en la fé cristiana y las deidades africanas (santería).

Los vendedores ambulantes se paraban en docenas de esquinas en toda La Habana y sus suburbios. *Los maniseros* se anunciaban en voz alta con su típico *pregón: ¡Si te quieres divertir, cómprame un cucuruchito de maní---Maní! El Manisero se va. Caballero, no se vayan a dormir, sin comprarme un cucurucho de maní.* Granizado de hielo con sabor a fruta tropical, servido en conos de papel; "granizados" de caramelo, coco, tamarindo, fresa, jugo de naranja, helado y batidos de leche, *croquetas y churros,* y naranjas peladas, también se vendían en la acera.

Los Carnavales en La Habana se celebraban durante un mes, desde mediados de febrero hasta mediados de marzo. Los niños, vestidos con trajes de fiesta, viajaban con familiares y amigos cercanos sentados en la parte trasera de convertibles abiertos y camiones que desfilaban junto a grandes carrozas, similares al Mardi Gras (Martes Gordo) en Nueva Orleans, pero más orientados a la familia. Era una tradición familiar, disfrutada plenamente por los niños que vivían en las principales ciudades de La Habana, Santiago de Cuba, Trinidad, Holguín y Camagüey.

Los negros tocaban su música y bailaban junto con las "comparsas" de carnaval y clubes organizados por todas las razas, incluyendo chinos, árabes, judíos, negros, blancos y mulatos. Cincuenta años antes, la participación masiva de una población de origen africano en la Guerra de Independencia cubana resultó en una mayor integración de los afrocubanos en las actividades sociales.

El fantasma de papá--- *Antes de la Revolución, nuestro país descansaba pacíficamente mientras dormíamos, sabiendo que nuestro trabajo diario ayudaba a aquéllos a quienes amábamos y creíamos con certeza que todos nos protegíamos unos a otros.*

El día de Año Nuevo de 1959, Batista huyó de la isla con miembros de su gobierno y una fortuna personal acumulada a la República Dominicana, donde el "hombre fuerte" y anterior aliado militar Rafael Leónidas Trujillo mantenía el poder. Mi tío Orlando Piedra estaba en ése vuelo. Unos días antes, otro tío, Osvaldo (Chirrino) Piedra, piloteó a la familia de Batista a la ciudad de Nueva York. Batista, a quien se le negó la entrada a los Estados Unidos, finalmente encontró asilo político en el Portugal de Oliveira Salazar, donde vivió primero en la isla de Madeira y luego en Estoril, en las afueras de Lisboa.

Batista estuvo involucrado en actividades comerciales en España. Se alojaba en Guadalmina, cerca de Marbella, en la Costa del Sol, en el momento de su muerte de un ataque al corazón el 6 de agosto de 1973. Ayudó a miles, víctimas del nuevo "Orden" cubano. También nos ayudó a mi hermano, Humberto, y a mí, a terminar la escuela de medicina después de la muerte de papá en Madrid, España, el 21 de mayo de 1967.

Capítulo 7
Los García

Foto de familia: <u>De pie</u>: Mauro y papá. <u>Sentado</u> (de izquierda a derecha): Chely, yo. Abuelo Tití (Licinio), abuela Esperanza, Humberto y mamá.

Chalet Villa Zuli

<u>De pie</u>: Mamá, y hermanas, Olivia y Ofelia; <u>En cuclillas</u>: Papá

Abuelo Tití con papá

El 16 de noviembre y el 12 de septiembre de 1923 fueron las fechas de nacimiento de mi madre, Oraida Piedra Negueruela y mi padre, Humberto García Pérez, respectivamente. Gran parte del comportamiento de la población durante la juventud de mis padres se originó en los cambios sociopolíticos mundiales que afectaron la década de 1930. A medida que se acercaba la nube oscura de la Segunda Guerra Mundial, 1933 se deslizó sobre ellos. Cinco años más tarde, ya en su adolescencia, eran amigos del barrio en La Víbora, un suburbio de La Habana. Fotografiados en la puerta de Villa Zuli, sus rostros irradian felicidad y placer.

La primera infancia comienza en La Víbora, el barrio de los García.

El fantasma de mamá---*Tu padre me seguía a todas partes.*
El fantasma de papá---*Con sólo mirarme, me volvía loco.*
El fantasma de mamá---*Yo quería cantar, pues tenía una voz muy clara y me sentía bien cantando, pero decidí casarme y hacer familia; nada me hubiera hecho más feliz que ser madre.*
Orlando--- Pero, madre, sí cantaste. ¡Y con una hermosa voz, como Doris Day!

La Víbora vino con una cálida casa del Renacimiento colonial español, nuestro hogar, Villa Zuli, y un árbol de tamarindo. Hogar de mis abuelos paternos, Licinio y Esperanza, la Villa había estado en la familia durante cuatro generaciones. La madre de Esperanza, mi bisabuela, Paula Liberata Calera Daniel, era dueña de la casa.

La familia Calera poseía varias casas en toda la isla, y vivían de los alquileres. Mi padre y su hermana, Tía Chely, vivían en Villa

Zuli cuando él y mi madre se conocieron. La abuela Esperanza era una persona de modales suaves, reflexiva y amorosa, dotada de un agudo sentido para conocer la fuente de la intención de los demás. Vivió con nosotros durante la mayor parte de su vida después de enviudar. Mi ser humano favorito para tener cerca.

La abuela Esperanza me enseñó el Himno Nacional Cubano al piano y un juego de cartas llamado Brisca, una variante española del juego de cartas italiano Briscola o el equivalente al póker estadounidense.

Ella ejemplificó el autocontrol cuando se enfrentaba a la ira, y siempre fue juiciosa y prudente, cualidades que le permitieron vivir su vida en paz. Su compromiso, al cien por ciento, con el arte de ser una abuela maravillosa a quien que acudir, la convirtió en mi abuela favorita.

En español, con traducción al inglés, el padre de mi mejor amigo, José Toraño, escribió un poema específicamente para que yo empujara "a bromas" a la abuela. La rima sufre en inglés, pero trajo humor y risas a familiares y amigos, y especialmente a mí.

"Cuando Abuela Se Enfermó"

Cuando Abuela se enfermó,
y el médico vino a casa
Yo le pregunté, ¿qué pasa?
Y él me dijo, ¡se trancó!

¿Cómo, Cómo? dije yo,
y el doctor, muy asustado,
respondió:
Ésto es de cuidado,
pues tu abuela fué a Matanzas
y se rellenó la panza,
con diez libras de pescado.

Al oír ésto, dije yo:
Ampárala, Santa Adela
porque creo que mi abuela,
"El Manisero" cantó.

Mamá se descontroló
y Papá estaba asustado.
Pero ya todo ha pasado,
y hasta podemos cantar,
porque la hicieron cagar
con un tremendo lavado.

* * * * *

Mi recuerdo más nítido del Chalet Villa Zuli es la vez que accidentalmente conduje mi triciclo contra un rosal ubicado junto a los escalones que conducen a la puerta principal. Me tomó una eternidad alejarme de los arbustos espinosos que trepaban por la pared, arrastrados con tallos armados con espinas afiladas.

Esperanza--- *Mira, Chona, ¡lo que ha hecho Orlando! ¡Apúrate, está metido en el rosal! ¿Niño, estás bien?*

El fantasma de Esperanza--- *¡Por poco me matas del susto!*

Fuí un desafío.

La abuela Esperanza estaba en casa conmigo un día. Tanto mamá como Humberto habían salido a alguna parte. Estaba viendo The Lone Ranger, un western de la década de 1950 en la televisión. Actuando violentamente maníaco, impulsado por la acción vaquera en la pantalla, sin miedo a hacerme daño, y balanceándome de un lado a otro en una mecedora en la sala de estar, aparentemente, retrocedí demasiado, me caí del balancín y me golpeé la parte posterior de la cabeza contra una mesa de vidrio detrás de mí. El vidrio se rompió y me cortó el cuero cabelludo. Un sangramiento profuso siguió a la lesión. La abuelita estaba tan molesta que se puso nerviosa, perdió la compostura y comenzó a golpearme con su zapato de cuero, o *chancleta*, bien conocido por los niños cubanos *majaderos* (mal educados) como un instrumento para el castigo corporal.

Después de calmarse, me llevó al baño y ejerció presión sobre la herida sangrante con una toalla. Después de unos veinte puntos de sutura hechos en la sala de emergencias de trauma de un hospital cercano para cerrar la herida, volvimos a casa con la cabeza envuelta en un vendaje.

Tía Chely se casó con Mauro, un funcionario de alto rango del Departamento del Tesoro en la Cuba precastrista y, años más tarde, un exitoso propietario de varios restaurantes en Madrid, España.

El fantasma de mamá--- Tuvieron dos hijos, tus primos Mauro y Lula.

Mientras vivíamos en La Víbora, mi hermano y yo asistimos al jardín de infantes. La clase tenía aproximadamente veinte estudiantes. Aprendimos los colores, las letras, y los números, y cantamos canciones en clase y afuera, en el patio. La enseñanza fué enriquecedora y de apoyo en lugar de competitiva, ya que nos ayudó a crecer emocional, física y mentalmente de una manera, en aquélla época, "recomendada".

El fantasma de Humberto--- Aprendimos a leer.

Mamá nos ayudaba con cada vocal y consonante. Las preguntas típicas antes, durante y después de la lectura nos ayudaron a entender lo que leíamos, iniciando mi conocimiento del vocabulario escrito. Buscar palabras que se relacionaran con cosas, personas y lugares que experimenté mientras estaba fuera de casa, probablemente me animó a incorporar mis sentidos en frases y oraciones claras.

El fantasma de Humberto--- Aprendimos el alfabeto español en mayúsculas y minúsculas.
El fantasma de mamá--- Y en cursiva, un estilo de caligrafía utilizado en la mayoría, si no en todas las escuelas.
Orlando--- ¿Qué paso con el inglés?
El fantasma de mamá--- Un inglés básico era obligatorio. Tú y Humberto necesitaban clases privadas en casa para hacerlo mejor, pero nuestro presupuesto no lo permitía. Ese "jardín de infantes" era un elemento básico en nuestra comunidad. Lo que aprendiste allí fué la base que se transfirió más tarde a tu preescolar, primaria y secundaria.

La hora del día se enseñaba como un acertijo divertido. Una vez, la maestra preguntó: "Refiriéndose a la hora del día, si alguien pregunta: "entre dos minutos y las dos," ¿cómo lo dirás?" La clase gritaba: "¡TOTOTOO! Como un tren choochoo. Fué muy divertido, nunca lo olvidé, y aprendí a decir la hora, en inglés, en una semana.

El abuelo Licinio (Abuelo Tití) era dueño de un pequeño negocio, una fábrica de calcetines para hombres llamada Star Knitting Mills y papá lo ayudó. Licinio nació en la localidad de Pedreñas, Santander---cuna del golfista profesional español Severiano "Sevi" Ballesteros, ganador del US Open Championship tres veces y del Masters en dos ocasiones. Fué desde ése pueblo pesquero que Licinio partió hacia Cuba, como tantos otros superhéroes en su juventud lo habían hecho alrededor de la Primera Guerra Mundial. Trabajaba dieciocho horas de lunes a sábado, tomándose seis horas libres los domingos. Cuando me despertaba por la mañana, él ya se había ido a trabajar, y cuando me iba a la cama por la noche, aún no había llegado a casa.

Una fotografía de nosotros juntos mostrándome en los brazos de mi abuelo es la única imágen que he necesitado. Apenas medía cinco pies de altura, pero su coraje y determinación eran los de un gigante de diez pies de altura. Creo que Superboy heredó un gran acervo genético de él. Lo recuerdo con una memoria nublada, pero seguro de que era agradable, placentero y disfrutaba del amor que compartíamos.

Los domingos, a menudo estaba en sus brazos mientras me llevaba cargado por la casa o caminaba por el vecindario actuando como un superhéroe. Al escuchar sus historias como inmigrante de España, comencé a aprender cómo las luchas hacen superhéroes. De vez en cuando, nos llevaba al centro de La

Habana para presumir ante sus amigos. Con frecuencia visitaba la cafetería de mi futuro suegro el Sr. Eutiquiano Gómez, El Norma, ubicada en La Habana Vieja, sosteniendo la mano de mi hermano en una de las suyas y la mía en la otra. Tenía cinco años. Dieciocho años después, me casé con la hija menor de Gómez, María del Carmen, en San Juan, Puerto Rico.

El fantasma de mamá--- *Así es como Virginia Gómez conoció a tu abuelo, Licinio García, mientras esperaba a su esposo, mientras cerraba su negocio cada dia.*

El fantasma de Virginia--- *Breves ráfagas de emocionalidad explosiva, sin más consecuencias que el miedo fugaz que afectaba a los presentes en ése instante, quienes se preguntaban por qué estaba tan molesto. Poco después del incidente, se convertía en un hombre maduro de voz templada.*

Orlando--- Éste comportamiento me fué transmitido en herencia, contribuyendo a mi labilidad emocional, obstáculo personal que me afectó negativamente de por vida.

El fantasma de mamá---*Tu padre y tu tía Chely heredaron los genes de Esperanza en lo que respecta al comportamiento y la actitud ante la vida.*

Un vago recuerdo que tengo es el de un día soleado en el patio trasero cuando Licinio mató a un conejo con un fuerte golpe usando el talón de su mano derecha para romper el cuello del conejo. El abuelo Tití peló la piel con un cuchillo muy afilado, cortando piel plateada y tendón desde el exterior de la carcasa, principalmente del sillín. Luego, lo limpió y lo cortó en pedazos, como lo harías con un pollo. Me quedé asombrado por su habilidad.

* * * * *

El béisbol, como lo jugábamos durante la primera infancia en la Víbora, se llamaba *taco* (corcho) o stickball. Para el bate, usábamos un palo de escoba. Para los guantes, usábamos nuestras manos. Para una pelota, usábamos cualquier cosa redonda: una botella de corcho envuelta con cinta adhesiva o una pelota de tenis. Mi favorito era una pelota de goma dura utilizada en *pelota vasca* (jai-alai), un deporte jugado en el País Vasco de España. Envolvíamos *la pelota* con cinta de tela para proteger las manos de todos los que atrapaban las "líneas," las "bolas de mosca" bateadas al aire donde flotaban como moscas suspendidas, y los "grounders," pelotas que venían saltando por el piso de la calle o la superficie rocosa de arenilla y polvo de un campo.

Jugábamos las cuatro esquinas usando las *cuatro esquinas* del cruce de las calles Gelaver y Josefina en mi barrio. Cada esquina de la calle se usaba como base. Teníamos que estar atentos al tráfico.

Mi recuerdo más aterrador se remonta a las ocasiones en las que me obligaban, al ser yo el más pequeño, a buscar bolas de taco golpeadas sobre el techo de una cárcel o clínica de locos que albergaba a pacientes con enfermedades mentales, situada al otro lado de la calle de Villa Zuli. Las bolas aterrizaban en su patio central, al que sólo se accedía a través de una puerta de hierro. Amurallados alrededor del patio, ocho o diez celdas con esquizofrénicos gesticulando mientras hablaban---"*Ven Acá*" --- estaban encerradas por barras verticales de hierro del piso al techo.

Sus brazos se extendían a través de las aberturas entre las barras de acero, flexionando secuencialmente su dedo índice de una manera sugerente, lo que indujo frecuentes pesadillas de ocupantes tristemente descuidados en los espacios oscuros dentro del patio. Sus cabellos eran largos y las barbas grandes; el cabello anudado cubría sus labios, los ojos escrutadores que aparecían mientras se quitaban el cabello de la cara para mirarme. ¡Qué miedo!

Un día memorable, Humberto y yo salimos de Villa Zuli y caminamos hacia las vías del tren que separaban dos sociedades, una blanca y otra negra que vivían tan cerca y, sin embargo, tan lejos. Nosotros éramos ricos; ellos eran pobres. Nosotros teníamos los activos, ellos los pasivos.

Sin embargo, tenían menos restricciones de movimiento y responsabilidades que nosotros. Sin lugar a duda, teníamos muchas más opciones y acceso a oportunidades de creación de riqueza que los que estaban al otro lado de las vías. Simplemente me parecía que ellos tenían extraordinariamente poco, y nosotros teníamos un montón, pero ambos poseíamos superhéroes. Aunque eran pobres, ellos no eran indigentes---es decir, no sufrían una falta total de los medios necesarios para satisfacer sus necesidades personales básicas, como alimentos, ropa y vivienda. Pero, no tenían uniformes de béisbol.

Un día, un niño "del otro lado de las vías del tren" vino a nuestro vecindario y robó uno de nuestros guantes y una bicicleta. Ví que sucedía y decidí no decírselo a nadie.

Orlando--- *Mamá, ¿por qué no nos dejas cruzar las vías del tren para ir a jugar con "los negros" que viven al otro lado?*

Mamá---*Quédense de este lado. No crucen las vías.*

Incidentes como ése me ayudó a entender la división racial ejemplificada por la Iglesia Católica en la escuela La Salle del Vedado, luego imitada por nuestra sociedad. Había dos escuelas católicas, una para estudiantes blancos (ricos) solamente, la otra para estudiantes negros (pobres), en un sistema escolar segregado destinado a distinguir y dividir no sólo racialmente, sino también por estatus socioeconómico.

Sólo para los ricos y la clase media alta había una excelente educación disponible. La otra, la escuela de los negros educó a los estudiantes con los mismos libros, planes de estudio y estándares de prueba similares, pero era significativamente más difícil llegar a *La Universidad de la Habana* desde ésa escuela. Tenía algo que ver con las limitaciones socioeconómicas y el racismo que persistía aún después de siglos de abuso.

Recuerdo el autobús escolar amarillo #2 que nos recogía en la esquina de Gelaver y Josefina en La Víbora. Tan pronto como entrábamos en el autobús, lleno solo de niños blancos, uno de los estudiantes comenzaba a cantar: *"¡Margarito y Margarejo están aquí!"* Los apodos crueles que usaban para burlarse de nuestra apariencia como gemelos, su risa--- "Ja, ja, ja---", y hacer el ridículo realmente nos molestaba. Con frecuencia nos metíamos en peleas; solo un empujón o dos y se acabó, pero la breve explosión física proporcionaba la tranquilidad que necesitábamos para sentirnos varoniles.

En la década de 1950, el número de negros que tuvieron éxito en los negocios, la medicina y la ingeniería creció exponencialmente en Cuba, a mayor escala y a una velocidad mayor que otras poblaciones de América Latina y el Caribe. No creas todo lo que escuchas de los "historiadores" cubanos de hoy que gobiernan el país: Cuba no era tan analfabeta y racista como dicen.

Orlando--- *Papá, ¿por qué los negritos no tienen uniformes de pelota?*
Papá--- *Pronto los tendrán; te lo prometo.*

Papá cruzó las vías del tren con nosotros. Nos unimos a los niños "de color" en su territorio, desegregando de facto el vecindario. Después de jugar a la pelota con ésos niños varias veces, inducido por sus preguntas o sus respuestas a mis preguntas, supe que era el dinero lo que nos hacía diferentes, ya que permitió la compra de ésas cosas que yo tenía, y a ellos les faltaba.

Capítulo 8
De pelota de goma al Béisbol

Humberto y yo con uniformes de béisbol

Llevábamos uniformes azules a rayas sobre blanco con el logotipo "NYY" de los Yankees, y el equipo cubano de béisbol profesional Habana ("H" en rojo) Lions (Leones) y el logo de Almendares ("A" en azul) Scorpions (Alacranes).

Si mi difunto hermano escribiera mis memorias de la infancia, comenzaría éste capítulo diciendo: *"¡Gallego, escúchame!"*. Siempre exigía mi atención inmediata cuando estaba a punto de decir o hacer algo. Tiene todo el derecho de hacerlo; después de todo, él era mi hermano mayor.

El béisbol apareció en nuestra infancia ya en 1950. Humberto y yo participamos en una liga de béisbol infantil que se jugaba en el Estadio de Béisbol Tropical Brewery [La Tropical] en La Habana. Tres de mis diez tíos jugaron béisbol profesional Clase C allí, y entrenaron a nuestro equipo, los Yankees de Nueva York.

Orlando--- *Papá, ¿cuándo empezaron a jugar los negros en las grandes ligas?*

Humberto y yo prosperamos en la historia del béisbol y dominábamos los detalles estadísticos.

El fantasma de papá--- *No sé exactamente. Jackie Robinson fué el primero.* Creo que el año 1933 vió el nacimiento de la Liga Nacional Negra, y el primer Juego de Estrellas de las Grandes Ligas de Béisbol se jugó en Comiskey Park en Chicago.

El fantasma de Humberto--- Creo que, en 1945, el año en que nací, Robinson llevó a su equipo a la victoria en la Serie Mundial de la Liga Internacional. Tal vez fué 1946, Gallego, el año en que naciste. La siguiente temporada, ascendió a las mayores, convirtiéndose en el primer hombre negro en jugar béisbol de las Grandes Ligas.

El fantasma de papá--- *La integración racial se llevó a cabo lentamente. En 1953, sólo seis de los dieciséis equipos de grandes ligas tenían un jugador negro en la lista.*

Siempre estábamos hablando de béisbol.

Papá era dueño de un palco en el estadio de béisbol en El Cerro, La Habana, con seis asientos muy cerca del plato del bateador (home plate), por lo que podíamos ver cada bola lanzada moviéndose hacia arriba, hacia abajo y hacia los lados a medida que se acercaba a la caja del bateador, dónde éste se paraba a esperar cada lanzamiento.

Orlando--- ¿Quién viene a batear?
Papá---Sandy Amorós.
Humberto--- A él nunca lo ponchan.

Orlando--- Siempre llega a base.

Papá--- Sí. Ésto se debe a que es muy rápido para llegar a la primera base cuando batea un roletazo. También recibe muchas bases por bolas porque es un tipo de baja estatura, más difícil para los lanzadores lanzar strikes.

Humberto--- ¿Juega en las grandes ligas?

Papá--- Sí, va a jugar con los Dodgers de Brooklyn.

Orlando--- ¡Ahí es donde Pee Wee Reese juega como campocorto!

Papá--- Así es.

Humberto--- También tienen a Sandy Koufax.

Papá--- Mejor lanzador de béisbol.

Orlando--- ¿Qué hay de Whitey Ford? Es un jugador de los Yankees. ¡Te apuesto a que es más rápido que Koufax!

Humberto--- No, papá tiene razón. Los Dodgers son fuertes. Tienen a Roy Campanella de receptor, y a Duke Snyder en el jardín derecho. Difícil de superar.

El evento más memorable de Amorós en su carrera de béisbol ocurrió en la sexta entrada del decisivo Juego 7 de la Serie Mundial de 1955. Los Dodgers nunca habían ganado una Serie Mundial y ahora estaban tratando de mantener una ventaja de 2-0 contra los Yankees de Nueva York. El zurdo Amorós entró al juego en el jardín izquierdo. Los dos primeros bateadores en la entrada llegaron a base. El receptor de los Yankees, Yogi Berra, representando la carrera ganadora, llegó al plato. Conocido por hacer swing en lanzamientos fuera de la zona de strike, Berra conectó un tiro del campo opuesto que se curvaba hacia la esquina del jardín izquierdo que parecía ser un doble seguro, ya que el jardinero de Brooklyn acababa de desplazarse hacia la derecha.

Amorós, corriendo a toda velocidad, aparentemente salió de la nada, extendió su mano derecha con su guante, atrapó la pelota y se deslizó por la yerba hasta detenerse justo antes de chocar con la cerca del marcador de distancia 301 en la esquina del jardín izquierdo del famoso Yankee Stadium. Acto seguido, se incorporó y envió la pelota al hombre de relevo, el campocorto Pee Wee Reese, quien a su vez lanzó la misma a la primera base Gil Hodges, doblando a Gil McDougald en primera. Hank Bauer batió un roletazo para terminar la entrada.

En el llamativo canal de televisión de noticias deportivas por cable ESPN, el popular programa de hoy "The Ten Top Plays", ésta jugada sería el Top Play del Año, tal vez del siglo.

Superboy--- No puedo esperar a la *Serie Mundial*. Sé que los Yankees ganarán. ¡Tenemos el mejor equipo! Papá, ¿crees que podemos verlos jugar algún día?

Papá---*Un día iremos todos a Nueva York a ver un partido de la Serie Mundial, lo prometo.*

Orlando--- ¡WOW, papá, eres el mejor!

Superboy--- Mira, ahí está Camilo Pascual. Mira a Pedro Ramos, y él está caminando hacia el montículo del lanzador.

Humberto--- Willie Miranda es el siguiente. Apuesto a que recibirá un sencillo, probablemente un doble.

Orlando--- ¡Te apuesto a que bateará un home run!

Los jugadores profesionales del estadio El Cerro de La Habana conocían a papá. A veces, antes del inicio del juego, mientras los jugadores calentaban lanzándose la pelota unos a otros, los llamábamos, y una vez, el famoso lanzador Camilo Pascual vino a nosotros y nos firmó los guantes.

Orlando--- Mira, Humbertico, tengo mi guante firmado. ¡Pídele que firme el tuyo!

Pascual ya lo estaba haciendo mientras yo gritaba a todo pulmón. Pronto dominamos la "jerga" del béisbol inglés. Strike one, two, three *(uno, dos y tres)*; strike out *(está ponchado)*; ball one *(primera bola)*; one ball, two strikes *(una bola y dos strikes)*; a walk *(base por bola)*; bases loaded *(las bases llenas)*; line drive *(una línea)*; a single *(un hit o un sencillo)*. A pop fly *(un fly)* and you're out *(estás out)*. No runs, no hits, no errors *(sin carreras, hits ni errores)* and no runners left on base *(no dejaron corredores en base)*.

Mi jugada favorita fué el "squeeze play", cuando hay un jugador en tercera y el bateador se cuadra y batea un toque de bola mientras el corredor llega a home corriendo a todo tren. Éso, y robar home plate, la base principal fue, y siguen siendo, las dos jugadas más emocionantes, pero cada lanzamiento fue esperado y disfrutado, cada swing fue seguido por uno de nosotros gritando, ¡Wao!

Humberto estaba obsesionado con el béisbol.

Humberto--- *¡Gallego, tírate de cabeza!*

Gritaba en medio de la noche mientras dormía. Dormimos en la misma habitación, así que me sobresaltaba y me despertaba pensando que la casa estaba en llamas, o que estaba teniendo un episodio de apendicitis aguda. Al mirar a mi derecha, de donde procedían los gritos, encontraba su silueta en su cama; de rodillas, moviendo los brazos hacia la izquierda y hacia la derecha o sosteniendo los muslos, gritaba de nuevo:

Humberto--- *¡Tira a segunda, Gallego!*

Despertándome cada vez. Yo no estaba allí cuando mi madre lo parió, pero apuesto a que fué una presentación de guante de béisbol zurdo que el obstetra vió cuando Humberto atravesó el canal de parto.

Orlando--- *Humberto, que coño te pasa!* Le gritaba. *Duérmete y cállate la singada boca. Te voy a dar un piñazo.*

Todo era pelota de goma (stickball) y béisbol.

Capítulo 9
Los Piedra

Rita y José / Rita y sus hijos / Rita y sus nietos

Rita Negueruela "de" Piedra dió a luz a once niños y les dió a todos nombres que comienzan con la letra O. Así, las niñas (con sus apodos): **O**silia (Chicha), **O**livia (Avin), **O**raida (Chona – mi madre), **O**felia (Ofelin) y **O**ndina (Piojillo); y los niños: **O**nelio (Tata), **O**rlando (Landin), **O**scar, **O**ctavio (Tito), **O**bdulio (Papi) y **O**svaldo (Chirrino).

Nadie dormía solo; Las camas tenían que ser compartidas, excelente para *el entrenamiento de la timidez*. Era difícil mantener los objetos personales de los demás u ocultar los sentimientos de incomodidad que afectaban a cualquier persona en la casa.

El fantasma de Rita--- *El espacio era limitado, por lo que todas las necesidades de carácter fisiológico o emocional se llevaban a cabo en presencia de otro.* Las niñas no podían menstruar sin que todos lo supieran; el calendario compartía el mismo espacio de pared en la cocina que el horario escolar, los ejercicios de práctica de béisbol y la lista de compras.

El fantasma de mamá--- Todo se convirtió en una fuente frecuente de estrés en las vidas de los menos tolerantes en el hogar, especialmente los ancianos, los hermanos y otros parientes cercanos que comparten el hogar.

Rita era la directora de orquesta, la maestra de ceremonias.

El fantasma de José--- No éramos políticos, que buscábamos el apoyo de la gente a través de la retórica entrega de promesas vacías y pretensiones mientras vestíamos ropa elegante y sonrisas tentadoras. Nos movimos en la dirección opuesta, impulsados por un compromiso inquebrantable con la enseñanza cristiana y el patriotismo.

El fantasma de mamá---*Mi familia estaba muy unida, con muchos pliegues y arrugas entrelazados por la sangre, el sudor, las risas y las lágrimas.*

El fantasma de Rita--- *Yo no sé cómo ustedes manejaron a esos muchachos, pero Chonita, pensé que ibas a tener que buscar un regimiento de infantería para protegerlos.*

Una amistad concebida como un esfuerzo de equipo transmitía constantemente el amor entre ella y su descendencia, el más fuerte recogía al más débil. La vida en el hogar Piedra representaba una filosofía de entrega, por la cual los más jóvenes heredaban ropa, juguetes y útiles académicos. Seis niños y cinco niñas pueden hacer mucho ruido, y lo hicieron. La madre de Rita, Lola, vivía con ellos, así como una tía, Margarita, y dos tíos, Obdulio (Yuyo) y Antonio (Cotingo), ambos con necesidad frecuente de atención psiquiátrica.

Mi abuela Rita cocinaba para diecisiete personas todos los días, lavaba y planchaba la ropa que usaban su esposo e hijos, y estaba comprometida con ellos a través de intereses comunes y necesidades diarias. Por un lado, sentían una cercanía de todos para uno y uno para todos; por otro, no podían esperar para abandonar el hogar e independizarse. Estos comportamientos fueron notados y anotados tanto por Humberto como por mí. Vimos nuestro camino a través del suyo.

Yo era el tercer nieto de Rita, nacido en la familia Piedra, después de Pepe (hijo de Landin) y mi hermano Humberto. Mis seis tíos y cinco tías de veintitantos años--- la mayor, Osilia; el más joven, Osvaldo, todavía un niño--- vivían en un país conocido por el pensamiento progresista, un bastión de la igualdad de género y los derechos de las mujeres. Fué un desafío para nosotros seguir el camino de nuestros antepasados, como lo fué para ellos seguir el nuestro. Éramos salvajes, interesados sólo en emular a papá y a los hombres Piedra.

Los hombres no estaban particularmente bien educados; ninguno de ellos tenía un título universitario. Mientras eran jóvenes, trabajaron en trabajos de baja categoría, como conductor de tranvía, recolector de boletos de autobús, operador de máquinas y aprendiz de policía en la Academia de Policía. Necesitaba un amigo imaginario invisible e inaudible para unirse a ellos mientras trabajaban en sus esfuerzos colectivos, ayudarlos a "salvar el mundo", alcanzar la sociedad ordenada que permitiría que todos prosperaran, un superhéroe.

Con una familia tan numerosa, mi madre creció en una casa donde no había aislamiento posible para bañarse, usar el baño, vestirse y desvestirse; con frecuencia se emitía una solicitud para "darse la vuelta" o mirar hacia otro lado, como una gracia salvadora para la modestia. No hubo acuerdo social entre ellos, sino más bien una conquista grupal del espacio.

Fué la creación de Rita o la filosofía aprendida de su ambiente lo que energizó su hogar. Mi continuo crecimiento a Superboy comenzó a solidificarse a medida que me desarrollaba entre ellos. Ni los hombres ni las mujeres aceptaron la derrota física o psicológica, en línea con la filosofía de crianza de su madre. Su actitud ejemplificaba a individuos que no aceptaban mierda de nadie.

Las personas en las etapas iniciales de una relación romántica, así como durante el embarazo, ofrecen Storge incondicional (amor familiar), ya que la familia se construye desde cero; pero sólo encuentran la necesidad y la dependencia de Eros, ya que la mayoría de las mujeres sienten el regalo de la naturaleza dentro de ellas. Rita fue dueña de este sentimiento once veces.

Rita y José criaron a sus once hijos en una comunidad agrícola, Arroyo Naranjo, donde la pareja se mudó con la familia a fines de la década de 1930. Pasamos mucho tiempo en *La Finca* con primos, y tíos. El abuelo (ABO) José, un policía que llegaba a casa del trabajo todos los días para encontrar una casa limpia, pero rara vez una casa tranquila, era dueño de la propiedad.

El agua natural describe su geología fluvial. Bendecida con un pequeño arroyo que lava el lecho de un riachuelo - acuario que se llena temporalmente y fluye después de suficiente lluvia, la finca estaba cerca de dos pequeñas ciudades provinciales, Güira de Melena y San Antonio de los Baños, la primera, lugar de nacimiento de sus primeros cinco, la segunda, de sus últimos seis, ambas en la provincia de La Habana.

Las inundaciones repentinas son comunes en *los arroyos después de* las tormentas eléctricas. En Cuba, cualquier río pequeño podría llamarse arroyo, incluso si fluye continuamente y nunca está seco.

La zona era conocida por *los naranjales*, campos de naranjos, su perfume tan dulce como la fragancia de las flores de cítricos. Ese olor permaneció en mi memoria cuando años más tarde viví en el centro de Florida, lleno de hermosos huertos de cítricos repartidos por un país montañoso lleno de naranjas, pomelos, limones, limas y mandarinas. Creo que allí comenzaron mis alergias ambientales de por vida.

Los Hombres Piedra

Coronel **Orlando** (Landín) Eleno Piedra

Ex jefe de la Policía Secreta Cubana y del FBI, se casó con María Antonia (Cuca) Brito, hija del coronel Antonio Brito, jefe de la Policía Nacional de 1940 a 1944. Tuvieron dos hijos, Amaury (Pepe) y Esteban (Estebita), que fué adoptado. No veía a Landín a menudo. Cuando lo hacía, siempre estaba sonriendo, mostrando una actitud tranquila indicativa de paz y seguridad. Nunca lo vi ni lo escuché preocupado por nuestra seguridad; obviamente estaba considerando la capacidad de sus hombres para garantizar el bienestar del país. Recibió varias balas durante su servicio para la nación. Soñé con hacer lo mismo mientras crecía; poseer su increíble poder para convertirme en Superboy.

Visité el edificio de su oficina una vez. Landín me dió un recorrido. En el sótano, el campo de tiro subterráneo del FBI, fué donde sostuve por primera vez un arma en mi mano y la disparé sin la ayuda de nadie. Tenía once años. Estoy seguro de que llevo su nombre, Orlando, por las oraciones de Madre a sus ángeles, la Virgen María y Dios, enviando peticiones y deseos por su seguridad a cambio de su promesa de comportarse siempre como una buena cristiana. No había nada más importante para el tío Landín que la familia y el país.

Después del exilio político, presidió la *Legión Extranjera Anticomunista del Caribe,* un grupo anticastrista paramilitar de derecha con sede en República Dominicana. Como continuación de su lucha de toda la vida contra el comunismo, en 1959, pocos meses después de la salida forzada de nuestra familia de Cuba, Orlando y su grupo, en parte financiado por la CIA, organizaron un intento fallido de derrocar a Castro.

Tío Orlando murió en Hialeah, una ciudad en el condado de Dade (hogar en Miami) el 12 de julio de 1999, a la edad de ochenta y dos años. Al igual que el presidente Batista, Landín era masón.

Congresista **Onelio** (Tata) Eleno Piedra

Nacido en 1916, casado con Dalia Torres. Tuvieron dos hijos, José Agustín y Onelito. En Cuba, Tío Onelio era bien conocido por su enorme sonrisa y carácter amistoso, lo que le permitió ganar un asiento en el Congreso del Senado de Cuba.

Un cigarro Partagás grande y encendido, siempre estaba en su boca, era transferido a su mano sólo cuando hablaba. Me encantó su personalidad alegre y su ética de trabajo, pareciendo juguetón y amistoso mientras dirigía un negocio nacional.

Tras el triunfo de la Revolución, Tata se mudó a Guaynabo, Puerto Rico, y trabajó con su cuñado, Gustavo Rey, durante varios años hasta su muerte por una ruptura de aneurisma aórtico abdominal mientras esperaba una cirugía en el Hospital Universitario-San Juan, ubicado en Río Piedras, San Juan, Puerto Rico.

Guardia Nacional de la Policía **Oscar** Eleno Piedra

Miembro de la guardia en motocicleta del presidente, se casó con Leonor Miguel; tuvieron una hija, Lizette. Oscar me dijo una vez, cerca del final de su vida: "Trae a tu padre a Miami para que pueda quedarse con Chonita (mamá) para siempre; ése era su deseo". Le dije que lo haría.

Papá había fallecido unos años antes. Enterrado en un cementerio en Madrid, España, donde murió, papá fué enterrado "intercalado" entre los huesos de Mauro Folgosa y su padre; Mauro poseía una tumba que permitía tres cadáveres. Mi hermana, Ana María, mi esposa, Mary Carmen, y yo trajimos las cenizas de papá a los Estados Unidos a instancias de Oscar.

Un día, en Miramar, Cuba, estaba en mi casa, a media mañana de un dia de fín de semana, cuando escuché el rugido de los motores de motocicletas, cada vez más fuertes mientras se acercaban. Sabía que eran Oscar y su amigo, Oscar Brito, el hermano de Cuca Brito, aproximándose a mi casa montando Harley-Davidson blancas y negras. Corrí afuera para encontrarme con ellos. Yo era un niño bajito de apenas nueve años.

Mi corazón latía con fuerza por la adrenalina que fluía a través de él. De repente, me detuve y me paré frente a ellos, asombrado por todo lo que ví y escuché. Los dos Oscares no apagaron los motores, sabiendo muy bien la emoción que sentía mientras me quedaba quieto, mirándolos en uniforme. Enormes botas de cuero negro, ajustadas debajo de las rodillas, se ensanchaban por encima de ellas para rodear pliegues de pantalones caqui beige que se detenían en la cintura sostenida por un ancho cinturón azul marino con una gran y brillante hebilla dorada.

Soñé con ése momento durante días, pidiéndole a mamá que por favor me comprara una moto. Conseguí mi motocicleta Zundapp dos años después.

Jugador de béisbol profesional **Octavio** (Tito) Eleno Piedra

Se casó con Juanita y tuvo un hijo, Titico. Tito era el mejor jugador de béisbol de la familia, y uno de los mejores del país. Papá a menudo nos llevaba a verlo jugar en el Estadio de Béisbol de la Cervecería Tropical (Tropical Brewery).

En 1959, como el resto de la familia, se vió obligado a abandonar Cuba. Un fanático del béisbol durante toda su vida,

Tito vió todos los juegos de Grandes Ligas que pudo mientras vivía en el exilio en Miami.

De los seis hermanos Piedra, fué el último en morir. A menudo lo visitaba en su casa de Miami, especialmente durante la Navidad, cuando asaba un cerdo entero en su patio trasero deliciosamente preparado toda la noche con clavo, ajo, sal, granos de pimienta negra, jugo de naranja agria, limones, cebolla, orégano y aceite de oliva. Se cocinaba durante cinco horas en un asador grande llamado *caja china*. Con una piel súper crujiente parecida a un tocino y una carne jugosa súper tierna, era una comida deliciosa para la familia y amigos que asistian al evento.

Obdulio (Papi) Eleno Piedra

Casado con Gladys Camps; tuvo un hijo, Obdulio (Duly) y dos hijas, Marilú y Liliana (Bebita). En Cuba, trabajó para Obras Públicas. El hombre más amable que he conocido. No había nada que pudiera evitar que regalara "la camisa que llevaba puesta".

En Cuba, a menudo estaba presente en la casa de su madre, Rita, extremadamente orientado a la familia, ayudando con todas las cosas que salían mal; electrodomésticos rotos, techos con goteras, cables eléctricos que necesitaban reparación, rehacer la cocina y el baño, y pintura. Construyó una habitación extra en la parte trasera de su casa en Miami para albergar a familiares inmigrantes y nos ayudó en la nuestra con el patio. Todavía estoy cerca de sus hijos.

El epítome de la bondad, el único "caso atípico" que vivió bajo el radar dentro de la comodidad y la paz que proviene de la no confrontación y la ambición templada. La humildad fué su mayor activo, la simplicidad su moto, el apoyo incondicional de la familia su propósito, y la generosidad su misión. Un gran tipo para emular.

Papi era adorado en la familia, pero tenía un lugar especial en el corazón de mamá. Recuerdo docenas de veces escucharla hablar de su hermano como si estuviera describiendo a un santo. Había una relación especial entre ellos compartida en público. *"Papi viene hoy a arreglar el jardín"*. *"Voy a cocinar algo especial para él"*. Era como una relación madre-hijo.

Piloto de combate, patriota cubano de la Brigada KIA 2506, Bahía de Cochinos, Teniente **Osvaldo** (Chirrino) Eleno Piedra

El más joven de los hombres Piedra, se casó con Vivian Díaz. Chirrino fue y siempre será el orgullo de nuestra familia y nuestro héroe nacional. Luchó contra las guerrillas de Castro en las montañas más altas de Cuba, la Sierra Maestra. Aprecio profundamente el inolvidable recuerdo del día que me llevó al Aeródromo del Comando de la Fuerza Aérea. Me ayudó a subir por el ala y al asiento trasero de un avión de combate biplaza estacionado en formación junto a una docena de aviones espaciados con precisión en paralelo. Durante meses, soñé con Superboy arrancando el motor y despegando hacia el cielo.

Más tarde, sobrevoló La Ciénaga de Zapata durante la invasión de Bahía de Cochinos, donde su avión fué derribado por aviones de fabricación estadounidense mientras apoyaba el aterrizaje acuático en la playa fangosa, subsuelo de esa bahía. El miembro más valiente de nuestra familia, Chirrino nos dejó a la edad de veintitrés años. Una grabación de sus últimos minutos, grabada por otro avión de combate a radio abierto y volando en cercania al avión de Chirri, fué compartida con nuestra familia en la casa de Rita en Miami un año después.

Recientemente, conocí a un hombre que participó en la invasión que conocía bien a Chirrino. El hombre me dijo, en un almuerzo para ex alumnos de La Salle, escuela que asistí durante mi niñez, que estaba presente como diácono en el avión que grabó la mencionada conversación entre Chirri y el piloto que lo derribó. Ése hombre le dió a mi tío Chirri sus últimos ritos por radio segundos después de que su avión fuera alcanzado por disparos. El nombre de Chirrino, Osvaldo Piedra Negueruela, está escrito en bronce en el monumento conmemorativo cubano Bahía de Cochinos, ubicado en la avenida 13 del Suroeste, entre las calles 8 y 12 en la "Pequeña Habana" de Miami.

Las Mujeres Piedra

Osilia (Chicha) Elena Piedra

Se casó con Gustavo Rey, un respetado empresario, y juntos tuvieron dos hijos, Humberto y Gustavo. El presidente Batista fué el padrino de su boda. La mujer Piedra más vieja, Chicha, también fué la más amable, divertida, jovial, cariñosa y tolerante, dando la bienvenida a todos los que visitaban su casa en Guaynabo, Puerto Rico.

Entre muchas anécdotas, el número uno tiene que ver con un cuadro que Tia Chicha me pidió que comprara y le trajera de España a su casa en Puerto Rico. Durante mis años en la escuela de medicina, estudié y me convertí en asistente de guía turístico en el famoso Museo del Prado de Madrid. La pintura que solicitó mi Tia, la *Ascensión de la Virgen de Murillo*, fué encargada por mí a un pintor residente en el Prado. Llevé la obra, sorprendentemente reproducida por el pintor desconocido, a San Juan por aire durante unas vacaciones de Navidad. Midiendo 2 por 1 metros (aproximadamente 80 por 40 pulgadas), fué una hazaña llevarla en el avión, pero una preocupación mayor era dónde colgarla en una pared en la casa de Chicha y Gustavo.

Al llegar a la casa de Osilia, se hizo evidente que la obra de arte católica no cabría en ninguna pared, excepto una en el vestíbulo. Para mostrarle *La Ascensión* a ella y al tío Gustavo Rey, tuvimos que mover la mesa del comedor a la sala de estar, colocar la pintura en el piso del comedor y abrirla. Entonces, Gustavo bajó las escaleras, y sin tener idea de qué se trataba, de dónde venía, de quién procedía, o qué tan grande o caro resultaría, sospechaba una sorpresa extravagante. *Dicho sea de paso*, Gustavo se quedó boquiabierto con incredulidad, exclamando: *"Chicha, ¿estás loca?"*. La pintura permaneció en su casa durante años para que ella, su familia y todos sus amigos la admiraran y le rezaran a su Virgen María.

Olivia (Avín) Elena Piedra

Se casó con David (Quico) Almeyda, un médico cubano: tuvieron dos hijos, Alejandro y David José, y una hija, Sylvia. católica devota, como todos los Piedra, Avín salió de Cuba en 1956 para ir a Georgia, donde Quico se formó como anestesiólogo. Luego se mudó a Houston, Texas, para criar a sus hijos.

Su vida fué dura, lejos de su familia a la que extrañaba mucho, con un esposo siempre ausente que trabajaba día y noche en el centro médico. Su primer hijo y su nieta murieron jóvenes, así como Quico, atropellados por un automóvil que se aproximaba mientras corría, y que él no vió venir.

Avín siempre tuvo su casa abierta a todos los miembros de la familia quienes, de una manera u otra, necesitaban ayuda, casi siempre con problemas de salud o financieros. Mi madre y mi hermana se quedaron en su casa durante casi cuatro años después de la muerte de papá.

Oraida (Chona) Elena Piedra

Mi madre se casó con Humberto (papá) y tuvo dos hijos, Humberto, y yo, y una hija, Ana María. No había mejor madre en el mundo. Ella encarnó el amor más profundo que cualquier ser humano podría ofrecer. Caracterizada por una combinación de sentimientos, comportamientos y sacrificios compartidos mientras nos criaba a mí y a mis hermanos, su amor incondicional nos protegió día y noche, ya sea juntos o separados por océanos y montañas. Dejando atrás sus necesidades personales, Madre siempre estuvo presente en nuestros corazones y mentes.

Tuve la bendición de tenerla en mi vida, afortunado de estar presente a su lado el día que falleció, encantado por su belleza interior, alentado por su carácter, educado por su conocimiento, cultivado por su sabiduría y en paz sabiendo que su inmenso amor era mío para siempre. No estoy seguro de qué sucederá exactamente cuando llegue mi momento. Sé que ella inundará mi camino con la luz del sol mientras la busco a través de las nubes. Finalmente, expectante de llegar a su alma y celebrar nuevamente otra vida con ella, juntos nuevamente, tendremos un nuevo comienzo, una bendita oportunidad de disfrutar de una vida mejor, por lo que estoy eternamente agradecido.

Ofelia (Ofelin) Elena Piedra

Se casó con Salvador Pérez y tuvo un hijo, Salvador (Chachi), y una hija, Mayra (Mayrita), conocida como "La *Flaca*" o "*La Zurdita*". Ofelia era jovial y sana, algo ingenua, y amaba las artes y las manualidades. Como enfermera asistente, estuvo asociada durante mucho tiempo con la atención médica, pero desafortunadamente, principalmente como paciente.

Discapacitada por un tumor maligno de vejiga durante muchos años, Ofelín siempre hablaba de la familia de manera extraordinaria: "Mi hermano o hermana---*apodo*---es el más guapo, el más inteligente, cuidadoso, cariñoso o increíble..." presentándoles en cualquier superlativo positivo imaginable. Murió joven de cáncer de vejiga el 8 de septiembre de 1981.

Ondina Elena Piedra (Piojillo)

Se caso con Orlando Fidalgo, el arquitecto que construyó nuestra casa en El Biltmore, Cuba, y luego, la casa de la abuela Rita en Coral Gables, Florida. Tuvieron un hijo, Eduardo, y una hija, Rita María (Chanti). Ondina era una bola de fuego.

Bella y sexy, era inteligente y muy bien educada, con un título en farmacia de la Universidad de La Habana y un título en trabajo social y psicología de la Universidad de Florida en Gainesville.

Trabajó en el Jackson Memorial Hospital en Miami como farmacéutica y más tarde en Miami Senior High School como consejera, convirtiéndose en la mejor amiga de mi madre y mi segunda tía favorita (después de Chely).

Superboy estaría allí con ellos, liderando la investigación de criminales (Landín) en mi *perseguidora* (carro de policía), protegiendo al presidente en mi motocicleta (Oscar), luchando contra guerrilleros en las montañas (Chirri) en mi avión de combate, bateando jonrones fuera del estadio (Tito), ganando un asiento en el Congreso (Tata) o admirando (Papi) la bondad.

Surgió naturalmente ser extremadamente competitivo. Sé con certeza que Superboy aprendió este comportamiento de los Piedra.

Dios--- Todo el mundo sabe que Piedra significa "piedra".

Parte 3

Adaptación a Las Expectativas

(1956-1958)

Capítulo 10
Nuevas Realidades

La infancia media comienza alrededor de los seis años, aproximándose a la edad de la escuela primaria. Termina alrededor de la pubertad (doce o trece años), que generalmente marca el comienzo de la adolescencia. En ése momento de mi vida éramos ricos, considerados una familia "acomodada", bien conectada, en movimiento ascendente; algunos tíos de clase media trabajadora, todos civiles, patrióticos, valientes y financieramente sanos. Obviamente, también tenían una miríada de problemas, financieros y personales.

Ya en la escuela La Salle del Vedado, donde asistí de primero a sexto grado, llegaba a casa todos los días cansado después de un largo día en la escuela, pero mamá siempre encontraba la forma de "convencernos" de hacer nuestra tarea. Todavía estaba aprendiendo a relacionarme con los que me rodeaban de una manera razonable, que pudiera entender. Las cosas que pensé que eran reales durante las interacciones sociales, por ejemplo, a menudo resultaban falsas. Comencé a darme cuenta de que no todo iba a ser a mi manera, simplemente no sabía por qué.

Mientras escribo ésto, me pregunto, ¿qué hice durante esos años en el limbo para obtener lo que quería? ¿Qué trucos utilicé para hacer que otros creyeran que era digno de su atención y compasión? ¿Qué motivación e interacción psicológica con mi entorno y aquéllos que se cruzaron en mi camino fué clave para influir en mi forma característica de pensar, sentir y comportarme?

pensar---encontrar una respuesta a una pregunta o la solución a un problema práctico,

sentir---ser sensible o intuitivo hacia la comprensión de mi mundo, y

comportarse---cumplir con los estándares de lo que es apropiado o decoroso.

Con el tiempo, mi identidad se fragmentaría, aunque se enriquecía, al mudarme a una edad temprana de un país a otro. No me sentí "cubano" cuando, a los diez y once años, viajamos a Indiana para asistir a la Academia Militar Culver, o a Palm Beach, Florida, para la Escuela Graham-Eckes, ni a los doce años, cuando mi familia vino a los Estados Unidos "para siempre". Tampoco a los diecisiete años, cuando nos mudamos a España después de mi graduación de Miami Beach Senior High School en el verano de 1963. Siempre me adapté, consciente de mi "deber" de cumplir con las expectativas de mi madre que siempre superarían a los demás a mi alrededor.

En 1953 nos trasladamos de La Víbora a Miramar, nuestra casa hasta 1957.

Orlando--- ¡Mamá! ¡He terminado con la tarea!

No era cierto, solo quería salir de la casa, ir a la calle del vecindario para jugar.

Mamá--- ¡Tienes que hacer tu tarea!

Silencio. Me había escapado antes de que ella terminara la frase, saliendo a dar un paseo en mi moto Zundapp, o a buscar a

Pepe para jugar, o para ir al Club Náutico Miramar.

Estos fueron años emocionantes, ya que experimenté un período de rápida maduración y crecimiento social. Obtuve la coordinación física para vestirme bien, incluso hacer un nudo en una corbata, y completar tareas que me permitieron funcionar independientemente de mis padres y lejos de la seguridad de mi entorno familiar. La certeza de estar a salvo de cualquier daño, si estaba a corta distancia de Humberto, garantizaba la tranquilidad.

En 1956, se suponía que debía comenzar la escuela en el extranjero. El objetivo aparente: buscando ser más independiente, pero en cambio rechacé las tareas y quehaceres que podrían conducir a un estilo de vida más responsable. Tenía diez años. Mi elección de descartar responsabilidades que robaban un valioso tiempo de juego de un - percibido corto día después de la escuela, equivalía a mi preferencia por no rendir cuentas. Mi apego a Humberto ocurrió alrededor de los seis años. Su influencia en todo lo mío fué más fuerte durante mi infancia y adolescencia.

Humberto--- *Gallego, ¡Ven acá!*

Así es como mi hermano me llamaba. *"Gallego",* un apodo compartido con nuestro padre, Gallego sólo a sus amigos cercanos. Estas son las primeras palabras que recuerdo haber salido de la boca de mi hermano. La palabra *Gallego* fué utilizada como un sustantivo masculino coloquial de España a través de América Latina. El uso en una oración explica mejor el razonamiento detrás de la intención: Yo creo que el dueño de la tienda de la esquina es Gallego (*español*). Si Gallego es un hombre de Galicia, y Galicia es sólo una región de España, entre muchas otras, ¿por qué ésta palabra definiría a todos los españoles? La razón es que la mayoría de los inmigrantes españoles a Cuba eran de Galicia, España; eran "Gallegos".

Humberto--- *Ven ahora, que te necesito.*

Mi relación con Humberto trajo un significado real o ficticio a interpretaciones específicas de eventos que llenaron nuestra infancia a menudo tonta. La competencia era feroz. Supongo que los motivos fueron principalmente los celos y la ira, ambos reflejando resentimientos lanzados el uno al otro como rivales de edad similar compitiendo de todas las maneras imaginables; hermanos típicos, disfrutando o sufriendo el éxito y la ventaja del otro, o tristemente nuestros fracasos. Humberto y yo nos sentíamos emocionalmente terriblemente cerca. Yo era sólo trece meses más joven y me encantaba burlarme de él, y él también lo disfrutaba.

Humberto--- *Gallego, estás hablando basura.*
Orlando--- *Vete al carajo.*

Carajo literalmente significa la cesta de vigilancia en el mástil superior de un galeón español. Los marineros se mareaban mucho cuando se les asignaba éste puesto. Entonces, cuando pensaban en el motín, el capitán los enviaba al *carajo* como castigo. Era realmente un infierno.

El fantasma de Humberto--- *Coño, no me jodas.*

Coño es una forma de enfatizar una amplia variedad de emociones, de enfocar la atención o resaltar algo que queremos decir. "*Ñoooó, que barato!*"; o puedes usarlo como "*¡Cóño, págame lo que me debes!*"; o "*Coñó, me robaron la bicicleta!*".

Humberto y yo, así como la mayoría de nuestros amigos y la población cubana en general, usamos la palabra con frecuencia, casi en cualquier otra oración para enfatizar las emociones.

Cuando era niño, Humberto era considerado un gran triunfador, pareciendo sobresalir en diferentes esfuerzos. En matemáticas, por ejemplo, sumaba, multiplicaba y dividía grandes números pensándolo, sin papel ni lápiz. Yo, por otro lado, no estaba interesado en compartir conocimiento, sino en mantenerlo en secreto para que nadie supiera realmente cuán inteligente o estúpido era. Por lo tanto, me trataron como un niño promedio, inseguro e inmaduro, un soñador que exigía poca atención, sin hacer muchas preguntas, mientras que Humberto parecía tener respuestas para todo.

Como la mayoría de las personas, nuestra vida privada fué influenciada por múltiples factores, principalmente la fé, la esperanza, los sueños, las realidades, el estado financiero y la orientación de los padres; pero sobre todo por la presión de grupo, y el miedo a ser atrapado haciendo algo prohibido.

Las "personas pequeñas" a menudo experimentan alarma y temor, seguidas de agitación mientras procesan las demandas de los adultos para un comportamiento "maduro". A ésta edad, gran parte de lo que hacíamos o no hacíamos dependía de si pensábamos que nos llevaría a problemas, en lugar de ganar amor y aprobación para cumplir con éxito las expectativas de los padres. En nuestro caso, todo sucedió rodeado de amor verdadero de gente común en vecindarios y escuelas de lujo.

Un hermoso entorno y actividades educativas fabricaron a menudo una experiencia perfecta para la infancia. Sin que yo lo supiera, éramos la envidia de muchos niños que carecían de un ambiente limpio, autos caros y un estilo de vida bendecido, con abundante comida, sirvientes, lo más nuevo de todo, buena salud y una educación sólida.

Comenzamos a disfrutar del trabajo en grupo, principalmente a través de la participación en deportes de equipo. Mis dos mejores amigos, René y Pepe siempre estaban cerca. Muchos momentos de mi vida llegaron directamente a mi conciencia, mientras que otros tantos se filtraron a través de Humberto.

Papá estaba ausente en su mayor parte, pero mamá con frecuencia nos recordaba nuestro deber de hacernos responsables de nuestras acciones y liderar con el ejemplo. Ella recalcaba las "reglas básicas de la carretera". Cada debilidad me perseguía, pero la pereza era lo peor. Como soñador, a diferencia de Humberto, quien personificaba una actitud de triunfador, yo perdí un tiempo precioso yendo de una fantasía inútil a otra. Durante ésos días previos a nuestro primer viaje al extranjero para asistir a la escuela, recibimos mucho amor del rudo- intransigente pero verdadero. Éso es precisamente lo que más echo de menos.

Dios--- Orlando, debes averiguar si tu falta de sentimiento positivo fué causa o efecto de tu frecuente aislamiento de los, resultando en tu falta de fé en mí.

El fantasma de Humberto--- Sí, Gallego. Hiciste que fuera extremadamente difícil para mí sacarte de tu estancamiento emocional.

Orlando--- La depresión es un sentimiento horrible que invade cada pensamiento y te mantiene atascado.

Nuevas Realidades

A menudo me sentía sólo cuando mamá no estaba cerca.

El fantasma de mamá--- Entonces, implicas que ¿tu responsabilidad de sentirte completo a través de tus propios esfuerzos se debilitó?

Orlando--- ¡Sí! No éramos once hermanos apoyándonos mutuamente.

El fantasma de mamá--- Ya veo. Tu determinación perecía porque sólo eran dos hermanos en vez de once. Por favor, dáme un descanso. Si te esfuerzas por alcanzar lo mejor que puedes ser, gastarás menos tiempo tratando de convencerme de que no puedes.

El fantasma de papá--- Ella nunca pidió que fueran perfectos.

El fantasma de mamá--- Escucha, mis expectativas de hasta dónde llegarían cada uno de ustedes y qué tan rápido llegarían allí tuvo mucho más que ver con vuestro compromiso personal, y con el trabajo duro, que con cualquier presión que yo pudiera aplicar.

Con el aumento de las tensiones políticas, mis padres nos querían fuera del país, por lo que la búsqueda de una escuela extranjera comenzó de inmediato. Pero primero, pensaron que teníamos que aprender inglés. Nuestra profesora de inglés, Miriam Ledo, fué altamente recomendada por la primera dama de Cuba, Marta Fernández Miranda *de* Batista.

Era invierno en La Habana, enero de 1956. Un tercer atentado contra la vida de mi tío Landín, llevado a cabo dos semanas antes durante la Navidad, había fracasado. Mientras su familia corría a cubrirse de las balas, en el tiroteo con ametralladora de su casa en la 5ta Avenida, situada en el bulevar principal de Miramar, la ráfaga de misiles hizo estallar todas las ventanas de vidrio al frente de la casa. Dos de sus escoltas militares personales asignados para proteger su casa fueron asesinados. Las ventanas rotas explotaron, hiriendo a los que estaban sentados en la sala de estar. Mi tía Cuca, la esposa de Landín, y los invitados sufrieron cortes superficiales y moretones mientras se agachaban para cubrirse. Superboy era demasiado joven para ayudar.

Quince años antes de ésa noche, el padre de Cuca, el comandante Oscar Brito, jefe de la Policía Nacional a fines de la década de 1930 alrededor del primer mandato de Batista como presidente de la República de Cuba, fué asesinado en La Habana mientras llenaba su tanque de gasolina.

Las cosas estaban a punto de empeorar. En los siguientes dos años, 1957 y 1958, varios miembros del gobierno del general Fulgencio Batista morirían asesinados a tiros por miembros del Movimiento 26 de Julio de Fidel Castro (MR-26-7). Aquéllos que se sentían amenazados por la violencia comenzaron a buscar formas de proteger a sus familias. Superboy tenía once años.

Miriam Ledo--- Practique hacer preguntas para aprender el significado de las palabras en una oración, materia que necesitará saber en la escuela estadounidense.

La señorita Ledo era una mujer madura. Con sólo veinticinco años, su energía juvenil transmitía una actitud de fortaleza, impulsando un mensaje claro: "No me jodas". Traté de aprender tantas palabras como pude memorizar. Las primeras fueron palabras groseras que nunca compartiría con ella. Mi madre nos dió tres meses para ponernos en marcha con nuestro inglés. No había tiempo que perder. La señorita Ledo era obsesiva-compulsiva por hacer bien su trabajo. Ella nos exigió mucho mientras exploraba nuestra capacidad de ser razonables y racionales, poseyendo un buen juicio. Madre, mientras tanto, buscaba en el extranjero la mejor escuela que el dinero pudiera comprar.

Miriam Ledo--- En el futuro, sus intereses deben ser guiados por el deseo de comunicarse con los niños estadounidenses. Ambos se acercarán a varios niños que querrán jugar con ustedes; estén atento a su intención y confíen en lo que aprendieron aquí.

Me encantaba ver la televisión americana. Yo era hiperactivo, así que me convertí en fan del programa de televisión de los años cincuenta; *Dennis the Menace*, sobre un niño enérgico, propenso a buscar y encontrar problemas, travieso, pero bien intencionado.

Dennis a menudo se enredaba con alguien lo suficientemente cercano como para victimizar. Básicamente, un chico bueno y bien intencionado, siempre intentaba ayudar a la gente, pero la mayoría de las veces terminaba empeorando las situaciones en las que se metía.

El programa fué uno de mis favoritos, ya que me identifiqué con el ficticio Dennis. Tanto mamá como papá, así como la familia extendida, se jactaban entre ellos y ante sus amigos con orgullo y una *sensación* de *satisfacción* ante el comportamiento "machista" y salvaje que exhibíamos. Muchos observadores vivían aterrorizados, preguntándose sobre la competencia de nuestros maestros y padres, y las pautas escolares aparentemente laxas para imponer cierta disciplina a nuestra crianza. Mis padres veían éste comportamiento como una conducta aceptable destinada a fortalecer la autoimagen y el rendimiento masculino, muy deseable para la construcción del carácter. Otros quedaban confundidos y asustados.

Así como mamá y papá nos animaron a Humberto y a mí a ser salvajes y medio locos, la educación de Ana María estaba estructurada para una dama destinada a cumplir con un complejo sistema de creencias, morales y costumbres sostenidas por la sociedad cubana de la época. Las reuniones sociales familiares durante la era anterior a la Depresión exigían fuerza y determinación, así como un comportamiento adulto moralmente sano en público, especialmente en presencia de niños. Pero los hombres podían salirse con la suya en lo que quisieran.

El fantasma de mamá--- Siempre oré por ustedes dos y luego por Ana María. La mayor parte de la vida de tu padre fué un ejemplo de sólidos valores éticos y morales, excepto la fidelidad.

Orlando--- ¿Qué quieres decir?

El fantasma de mamá--- No te preocupes. Sólo recuerda que la *lujuria* puede conducir a un *falso orgullo,* un comportamiento equivocado que siempre te meterá en problemas.

Dios--- Ten cuidado, Chona. Sin perdón, no puedes quedarte en el Cielo.

Mamá tenía razón al temer que el comportamiento social de papá pudiera transferir el mensaje equivocado a sus hijos. El Floridita era su lugar de encuentro favorito, un "pozo de agua" que mi padre frecuentaba como miembro del "club de chicos" jóvenes de La Habana. Muchos hombres de negocios que tenían las riendas del poder en una ciudad conocida por su boyante vida nocturna y un estilo de vida en busca de emociones liberales, cosmopolitas, e intelectuales. Hemingway era un cliente habitual.

Papá no era diferente de la mayoría de los hombres cubanos, víctima del primer pecado, la *lujuria*. Aceptado por algunas mujeres y alentado por la mayoría de los hombres en entornos sociales, tener una novia o *"querida"*, significaba que el hombre era más *"macho"* y más rico, y la esposa más "comprensiva". Ésa filosofía transmite un mensaje confuso de incertidumbre. Para nuestro detrimento, y el de las familias y parientes de nuestros amigos más cercanos, estaba bien que todos nosotros, la sociedad en general, nos comportáramos de ésa manera, incluso si resultaba en un hogar roto. Aunque mis padres mantuvieron todo ésto bien oculto de nosotros, ahora estoy convencido, mirando hacia atrás con ojos de águila de sabiduría, de que los niños aprendimos comportamientos y confrontaciones sutilmente ejemplificadas tanto por adultos jóvenes como por aquellos adultos que nos criaron.

Encontrando un Superhéroe en la Habana

Humberto, Ana Maria y yo

Mamá, yo y Abuela Esperanza

Capítulo 11
Nuevos Desafíos (adolescencia)

Humberto y yo estudiamos en el extranjero durante un par de años mientras estábamos en la escuela secundaria: dos campamentos de verano en Culver, Indiana, e internado en Palm Beach, Florida. Cada vez que viajábamos fuera de Cuba hacia los Estados Unidos, cambiábamos de lugar, nacionalidad, idioma, sistema legal, identidad filosófica y relevancia histórica, en su mayoría sin preparación para enfrentar nuevas realidades, nuevos desafíos, y adaptarnos a un ritmo tan rápido como complicado.

Sin embargo, nuestros valores y educación cristianos no se alteraron: permanecer leales a la familia y amigos, tener fé en Dios, practicar lo que predicas, valorar las verdaderas amistades, buscar el compromiso y la responsabilidad, elegir siempre lo correcto sobre lo conveniente y tener esperanza, en lugar de temor.

Razonar conscientemente mi presente fué clave para reconocer mi pasado, y viceversa. Pero yo era inmaduro. Mi barrera más formidable fué el Trastorno de déficit de atención con hiperactividad (TDAH), enfermedad neuroconductual caracterizada por una combinación de falta de atención, hiperactividad y comportamiento impulsivo. Tenía grandes dificultades para quedarme quieto, problemas para mantener la atención en la escuela o en una tarea, y con frecuencia respondía antes de pensar. Mi personalidad rebelde coloreada por el TDAH comenzó a definir mi comportamiento.

Mi cultura católica cubana matizó todo. Construido sobre una red de instintos artificiales y normas religiosas (dogmas), el pensamiento cristiano, y en concreto el católico, indujo a millones de extraños, la población cubana en general, y a mis padres a cooperar en una misión común para apoyar el desarrollo infantil en toda la isla. Éste progreso intelectual cognitivo nacido en la conciencia social lleva a cada niño de etapas menos cognitivas (primera infancia) a un comportamiento más maduro--- un camino continuo a través de la adolescencia hasta la edad adulta. Recuerdo extraordinariamente poco de esas primeras experiencias de juego con amigos y niños no tan amigables, pero asumo que mi visión del mundo siguió en paralelo con la de ellos.

Las preguntas básicas sobre la veracidad o falsedad de mi *razonamiento consciente*, es decir, lo que pensaba que era verdad--- y la *sabiduría*---- lo que aprendí de la experiencia (vivencias dolorosas en su mayoría) como consecuencia de mi estilo de vida, permanecieron sin respuesta a medida que avanzaba hacia la creación de Superboy, el niño, y luego, Superman, el adulto.

Orlando--- ¿Es posible saber algo con certeza y poder probarlo?

Pregunta tonta; La respuesta obvia es no. Incluso en la ciencia, utilizando el modelo de investigación y desarrollo (I&D), necesario para lograr un nivel máximo de conclusión cierta o falsa, el "método científico" es frecuentemente defectuoso y lleno de errores que conducen a un resultado falso, en el mejor de los casos cuestionable.

El fantasma de mamá--- A medida que te volviste más inteligente socialmente, se presentaron nuevos desafíos para que los resolvieras. Ya veo que estás aún repleto de dudas.

Mis ansiedades no ayudaron. La forma en que reaccioné a lo que me sucedió me hizo sentir alegría (certeza), cuando entendí correctamente, o tristeza (confusión), cuando no lo hice. Los fenómenos externos desencadenaron una solución razonable o agregaron más estrés a la vida, ambas consecuencias afectaron mi bienestar.

Grandes dudas lanzaron poderes de superhéroe más allá del Capitán América para lidiar con la alegría y el dolor. Emanando de las consecuencias de malinterpretar a los demás o malinterpretar mi entorno, para sobrevivir con mayor decoro, sentí la necesidad de ser más inteligente y tolerante. Mi sabiduría se solidificó con cada nueva experiencia, a medida que me acercaba a consagrar y equilibrar a Orlandito y Superboy para convertirme en Orlando.

El fantasma de mamá--- Estabas creciendo, madurando.
Orlando--- El miedo impulsó la mayoría de mis interacciones sociales.
El fantasma de mamá--- Éso sucedió como consecuencia de que no siempre entendiste las implicaciones y complejidades de los eventos que te rodeaban.
Orlando--- ¿Tú crees? ¿Cuál fué el más significativo de dichos eventos? Al recoger mi motocicleta Zundapp en el concesionario en la navidad de 1957, ¿sin certeza de mi capacidad para mantener la "pesada moto" lo suficientemente estable como para avanzar sin caer hacia los lados? ¿Fué eso más emocionante que conocer a

Capulí, el caballo de carreras que papá me compró un año antes para mi décimo cumpleaños, preocupado por montarlo? ¿O fué lanzarme al agua desde el embarcadero del Miramar Yacht Club (MYC), probablemente hogar de tiburones? ¿O tal vez mi primer primer "crush" a los diez años, Teresita, al haberle pedido que fuese mi primera novia? ¿O esconderme de tí y de papá para fumar un cigarrillo Kool? Ciertamente, nada comparado con varios intentos fallidos de reanimación de diecisiete cachorros dálmatas que Goya dió a luz en su primer y único embarazo. Todos murieron de malformaciones congénitas adquiridas del sexo entre hermanos. Mi respiración se detenía mientras que la de cada de uno de ellos se agotaba.

Sé que muchas cosas parecían repugnantes, como pescado para la cena, los dedos feos de mi maestra de segundo grado vistos a través de sus sandalias, cucarachas, ratas o sapos corriendo y saltando cerca de mí, y el entrenador asistente de béisbol de Maco escupiendo tabaco de mascar. A medida que me convertí en adolescente, mi cultura se transformó desalentadoramente en paralelo a los cambios en mi entorno. Con cada interacción social, aprendí a distinguir las cosas que eran importantes para mí de las cosas que no lo eran.

Sentí la necesidad de organizar mis pensamientos para obtener una mayor comprensión y conciencia. Traté de imaginar mi futuro y planificar las cosas por venir. Pero nunca imaginé cuán grande sería el impacto que tendría mi infancia años más tarde como adulto.

Mis hormonas estaban a punto de explotar.

Cuando comencé a escribir este libro, sentí la necesidad de explorar "la razón detrás de la temporada", la psicología para explicar por qué y cómo me convertí en yo. Si estuvieras escribiendo tu historia, ¿no querrías saber cómo y por qué te convertiste en tú? Aprendí que el *análisis transaccional* tenía la clave.

El análisis transaccional es una parte de la psicología social desarrollada por el psiquiatra canadiense Eric Berne en 1958. Se basa en la idea de que las experiencias tempranas de la vida de las personas determinan las decisiones que tomarán más adelante.

Orlando--- Me gustaba jugar aquéllo que me hiciera sentir bien y feliz.

El fantasma de mamá--- Te encantaba jugar al payaso, y disfrutabas ver reír a amigos y familiares, sintiéndote bien por hacerlos felices.

Orlando--- Todavía disfruto hacer payasadas, perseguir a los niños, especialmente a mis nietos, escondiéndome y de repente apareciendo de un armario oscuro para hacerlos reír, como Jerry Lewis.

Berne describió el juego de "Stupid" con el concepto central de "Me río contigo de mi propia torpeza y estupidez". Señaló que el *jugador*---yo, en este caso--- tiene la ventaja de rebajar las expectativas de otras personas sobre nuestras capacidades, evadiendo así la responsabilidad y el trabajo propio; pero permitiéndole a él o a ella suficiente espacio para salir adelante bajo presión, como el caso del proverbialmente estúpido hijo menor. Dicho de otra manera: hazme responsable- o te haré pagar caro tu debilidad. Es un mecanismo de defensa que compra tiempo al falso mientras descubrimos nuestra mejor oportunidad para librarnos de problemas--- expuestos al peligro y al castigo.

Orlando--- ¿Ese era yo? Es increíble que me haya llevado cincuenta años resolver esto.

Dios--- No lo dudes.

Los niños crecen en un mundo de fantasía, sabiendo extraordinariamente poco de qué y quiénes quieren ser. Tal vez quién o qué no quieren ser se aclara antes, ya que la exposición a eventos traumáticos comienza a inundar nuestros sentidos a una edad increíblemente temprana.

Orlando--- Según Humberto, yo era demasiado sensible a las órdenes de mamá, a menudo metiendo berrinches. "No creo que deba hacerlo". "No quiero hacerlo". "No puedes obligarme a hacerlo". Para sobrevivir, tuve que averiguar *"¿por dónde le entra el agua al coco?"*.

El fantasma de Humberto--- No te diste cuenta de que todo se trataba de seguridad y acomodación social a valores y normas.

Orlando--- No quería ser un niño *aburrido*, demasiado estúpido, un idiota o imbécil, alguien capaz de causar daño a otra persona sin experimentar ganancias personales (la definición de "estúpido") o peor aún, causarse daño a sí mismo en el proceso.

Compré y leí muchos cómics. Uno de mis favoritos fué Alfred E. Newman, una imágen estereotipada de la estupidez.

Inicialmente utilizado en un editorial crítico de la abolición del impuesto de capitación en el Sur de Estados Unidos, el personaje representaba a un joven que quiere votar, pero es demasiado ignorante para entender lo que significa votar. Para mí, parecer interesante e inteligente era un objetivo importante. No quería ser como Newman.

Orlando--- Superboy, te creé, mi superhéroe, para que pudiera encontrar una manera de ser menos estúpido.

Superboy--- Tu intención era crearme para evitar que te conviertas en nuestro hermano.

Orlando--- ¿Estás diciendo que ví a Humberto como estúpido?

Superboy--- Igualaste ser estúpido con su complejo de inferioridad, exhibido por sus frecuentes intentos de ser más inteligente, más rápido e informado que otros; para presumir.

Orlando--- Exactamente.

Superboy--- Sentiste que lo disminuía como una persona que amabas y respetabas, y de hecho admirabas por su coraje y habilidades. Similar a lo que la mayoría de los niños, aparte del primogénito, experimentan cuando buscan un modelo o mentor a seguir.

A medida que crecía, mi primera transferencia de dependencia, de Mamá a Humberto, evolucionó durante un período de seis años, desde la primera infancia media hasta la pubertad, materializándose alrededor de las edades de siete a doce años, desde la educación primaria hasta la escuela secundaria.

¡Encontré a mi segunda víctima! Significaba que elegí permanecer en un papel de víctima [estúpido] perfectamente cómodo a expensas de otro. Se convirtió en el guía que seguiría, pensé, por el resto de mi vida. Seguro de mi plan triunfal, me sentí seguro de nuevo; si fallaba en convertirme en Superboy, todavía tenía protección y apoyo. Dependía de mi hermano mayor en un grado entendido por ambos, creando una codependencia mutuamente deseada.

Orlando--- Humberto, ¿estás de acuerdo?

El fantasma de Humberto--- Gallego, no puedo ayudarte con eso.

Sin saberlo, durante la adolescencia, la noción de que, si bien pensamos en nosotros mismos como de mente abierta y objetiva, de hecho, nuestro enfoque hacia nosotros mismos a menudo se filtra e incluso se oscurece por nociones e ideas preexistentes. Visualicé, absorbí y luego abracé o rechacé cualquier cosa que influyera y guiara mi conciencia.

El fantasma de mamá--- ¿Cuáles son las ideas bloqueadas de las que estás hablando? No tenías ninguna "noción o idea preexistente". ¿Qué filtros oscurecieron tu pensamiento?

Orlando--- Los que aprendí de tí y de papá, y de nuestras circunstancias.

El fantasma de mamá--- ¿Tu crianza? ¿Nuestros valores? ¿Nuestras experiencias pasadas? ¿Nuestro comportamiento?

Orlando--- ¡Sí! Pero sobre todo nuestras circunstancias.

El fantasma de mamá--- ¿Qué circunstancias?

Los recuerdos hasta ahora difíciles de recuperar, tan profundamente subconscientes que se consolidaron inadvertidos a lo largo de mi experiencia de vida, se convirtieron en una influencia omnipresente que aún hoy colorea profundamente mis relaciones adultas con las personas, e incluso conmigo mismo. Estas ideas se convirtieron en parte de mi memoria a largo plazo--- recuerdo recuperable de [potencialmente] todos mis momentos en el tiempo.

El fantasma de papá--- Dijiste que había filtros que usabas para bloquear el dolor de tu realidad. Sé que fué difícil para ustedes tres a una edad tan frágil emocionalmente enfrentar lo que nos sucedió en Cuba, Miami Beach y España. Fuiste excepcionalmente valiente.
Orlando--- Sí, papá, mecanismos de defensa que utilicé para protegerme emocionalmente. No me di cuenta mientras sucedía.
El fantasma de mamá--- Finalmente creciste y maduraste.
Dios--- Todo comportamiento, todas las formas de ser y actuar--- están correlacionadas con el contexto (s) desde el cual vivimos nuestras vidas y observamos tanto a parientes cercanos como a extraños mientras viven las suyas.
El fantasma de papá--- Me identifico con éso. Éramos inmigrantes, para quienes los cambios contextuales son un hecho.
Orlando--- Eso es exactamente lo que quiero decir.

Cuando estos contextos se hicieron evidentes y conocidos, comencé a ver el proceso involuntario por el cual fueron ensamblados, y el grado en que gobernaban mi vida cotidiana. Comencé a aprender a reconocer mis errores.

El fantasma de papá--- Te quedaste, posiblemente por primera vez, con una elección sobre quién eras en ese momento, quién habías sido cuando eras niño y adolescente, y qué adulto aparecería.

Todo el mundo posee un "círculo vicioso", una tendencia humana a colapsar lo que realmente sucedió con la "historia" irreal que nos contamos a nosotros mismos sobre lo que sucedió.

Éste colapso ocurre tan rápido que se hace difícil separar los dos, y pensamos en ellos como uno y el mismo. Casi de inmediato, y ciertamente con el tiempo, la historia que me conté a mí mismo se convirtió en "la forma en que era---o había sido la realidad, sabiendo "con certeza" que era real. Limitaba así, sin querer, lo que era "posible" en mi vida---todo. Consecuentemente, me robaba alegría y efectividad.

Mi realidad, percibida en un momento dado, se convirtió en "mi verdad". Se convirtió en "mi historia"; quién estaba yo dispuesto a presentarme a ser; y en quién me convertiría. Después de todo, las decisiones se basan en la convicción personal de quién es uno.

Mi poema favorito es la expresión de todo lo que creo y me esforcé por lograr a medida que me convertía en adulto. El autor es el líder más lúcido que he leído. Espero que permanezca lo suficientemente consciente como para mantener su sabiduría al centro de mis convicciones y acciones:

> *Tus **creencias** se convierten en tus **pensamientos**,*
> *Tus pensamientos se convierten en tus **palabras**,*
> *Tus palabras se convierten en tus **acciones**,*
> *Tus acciones se convierten en tus **hábitos**,*
> *Tus hábitos se convierten en tus **valores**, y*
> *Tus valores se convierten en tu **destino**.*
>
> —Mahatma Gandhi

Cuando separé lo que sucedió de mi historia o interpretación, descubrí que gran parte de lo que consideraba ya determinado, dado y corregido, de hecho, podía no ser así. Me dí cuenta de que ya no estaba limitado por un conjunto finito de opciones, y era capaz de lograr lo que quería con nueva facilidad y disfrute.

Las situaciones que pueden haber sido desafiantes o difíciles se volvieron fluidas y abiertas al cambio. Pude unirme a ese grupo de personas que son más saludables en cuerpo y mente, simplemente se sienten mejor y, por lo tanto, pueden ser felices y crear vidas felices.

Al igual que la mayoría de las oraciones religiosas, el yoga ofrece estas oportunidades organizándose en grupos de adoración que buscan la paz y la iluminación.

El fantasma de papá--- ¡Tan interesante! ¿Puedes darme un ejemplo de estas ideas fenomenales?
Orlando--- Dejé a mi familia en el otoño de 1996, el error más grande de muchos que he cometido; mi peor momento en el tiempo; el peor día de mi vida.

En abril de 1997, unos meses después, yo era un desastre.

Afortunadamente, las cosas estaban a punto de mejorar. Mi mejor amigo en ese momento, Humberto Domínguez, que practicaba medicina en el mismo hospital donde yo trabajaba como anestesiólogo, me llamó un sábado por la mañana para reunirnos más tarde ésa noche en un bar en Lake Mary, Florida, para tomarnos algo.

Después de la tercera cerveza, mientras hablábamos de preocupaciones y decepciones con respecto a nuestro nuevo estilo de vida "independiente", Humberto no pidió la cuarta copa---pero yo sí pedí la mía. Sentí que tanto Humberto como la camarera estaban perturbados. Testigo de miles de bebedores deprimidos que compartían terribles historias personales mientras bebían cantidades excesivas de alcohol, y con la esperanza de aliviar mi dolor, me ofreció un salvavidas.

El papel que me entregó decía "Landmark Education", seguido de un número de teléfono. Luego, ella dijo: "Creo que deberías marcar éste número; pueden ayudarte". Al día siguiente, me registré en The Landmark Education Forum, que duró tres días.

Al tercer día, aprendí a detectar "la raqueta", una forma improductiva de ser o actuar.

Explica quejas *justificables* de que algo no debería ser como es. Las quejas pueden parecer justificadas, incluso legítimas, pero hay una cierta recompensa, real o imaginaria, alguna ventaja o beneficio recibido que refuerza el ciclo de comportamiento.

Al mismo tiempo, ésta forma de ser tiene altos costos, ya sea en nuestra vitalidad, afinidad, autoexpresión o sentido de satisfacción. ¡Siempre perdemos algo!

Una vez que reconocí este patrón, --- "mi raqueta" --- sus costos, y cómo mantuve el patrón en su lugar, la elección de interrumpir el ciclo y descubrir nuevas formas de interactuar con los demás se hizo evidente. La raqueta me ayudó a transferir la culpa que me adjudicaba a mí mismo, a los demás.

Se habla de la felicidad casi como un lindo eslogan, no como un tema para un estudio científico serio. Sin embargo, mi estado de satisfacción, mi felicidad--- y optimismo que deseaba, puede no haber dependido exclusivamente de mí, aunque residía dentro de mí. Fué principalmente un producto de cómo me involucré en mi mundo.

Orlando--- Después del Foro, finalmente logré nuevos niveles de felicidad y satisfacción en áreas que eran importantes para mí.

Aprendí que mi cerebro---más del 90%--- tiene la capacidad de mantener ocultas para siempre en sus profundidades cosas inaccesibles que no sabemos que desconocemos. Sólo el 10% restante almacena "conocimiento viable" --- recuerdos que podemos recuperar--- ideas, eventos, vivencias accesibles como cosas que sabemos que no sabemos (cómo hablar chino) y cosas que sabemos que si sabemos (cómo hablar inglés o español).

Estas conexiones neurobiológicas, tan comunes en todas las edades de los humanos, comienzan durante la infancia.

Orlando--- Me tomó otro año--- en preparación para mudarme a Syracuse, Nueva York, para entrenarme en un programa de becas de anestesiología de un año en la State University of New York (SUNY) en Syracuse--- volver a caer en mi estado depresivo, incapaz de ver la luz al final de mi túnel oscuro.

El fantasma de papá--- Lamento que hayas tenido que pasar por algo tan doloroso.

Orlando--- A mediados de agosto de 1998, estaba sentado en el comedor del Centro Médico, alrededor del mediodía, frente a un miembro del personal asociado de neurocirugía. Mi acompañante se dió cuenta de que no podía comer mi almuerzo, cada trago era un desafío.

Mi amigo--- ¿Por qué no estás comiendo? Éste es el tercer día que te veo ayunar. ¿Qué pasa?

Comencé a compartir mis preocupaciones, mi historia, mi raqueta, el círculo vicioso que me sentía incapaz de superar.

Orlando--- Mi esposa, Mary Carmen, fué ésto---hizo éso---hizo que mi vida fuera miserable.
Mi amigo--- ¿Qué hiciste tú?
Orlando--- ¡Nada!
Mi amigo--- Si lo dices.

Era particularmente probable que descartara consejos y propuestas de soluciones a mis problemas y aparentemente no buscaba resolver nada; simplemente quería *validación*. Regresé a mi apartamento solitario preguntándome el significado de sus palabras.

Una semana después, recibí una llamada de Orlando, Florida. Mary Carmen estaba llamándome por teléfono, histérica. Uno de nuestros hijos había sufrido una sobredosis y ahora estaba en la sala de emergencias de un hospital local. Después de levantar mi corazón del suelo, rezando a mi Señor para que todavía respirara, su cerebro aún intacto, mi esposa confirmó que estaba bien. Inmediatamente solicité una licencia de una semana para atender esta emergencia familiar. Mi increíble jefe de departamento me lo concedió, y marché a Orlando.

Afortunadamente, todo estaba bien, y se mantuvo así en lo sucesivo. Pero ahora, mi cognición había cambiado, reconociendo, como prioridad, tanto la mía como la de mi familia, la necesidad de reunirse. Aun sintiendo que nuestra situación era "toda su culpa", pero abrumado por la realidad de un desastre potencial, llamé a Mary Carmen para pedirle perdón, algo que, con frecuencia, desde entonces, he hecho más de lo que estoy dispuesto a admitir y compartir.

Milagrosamente, con un profundo miedo, dos meses después, llegó a Siracusa. ¡Ella me perdonó! Tuvimos una segunda luna de miel en las Cataratas del Niágara. Me di cuenta de que algo de lo que sucedió pudo haber sido obra mía; ¡Fué parcialmente mi culpa! Mi familia se salvó.

Éste cambio de comportamiento influyó en la escritura de esta historia, mi memoria, ya que cuento la vida de un niño que lo tuvo demasiado fácil, se le dió mucho más de lo que merecía y fué mimado [trampa de lujo] con atención constante a todas sus necesidades. Conscientes de este exceso, mis dos padres, especialmente mi madre, verbalizaban lecciones de vida dando consejos sobre el comportamiento pecaminoso *(avaricia, egoísmo y orgullo),* pero seguían decididos a proporcionar mucho más cuidado personal del necesario. Papá simplemente me dió todo lo que pedí.

Trágicamente, algunos padres repiten ésta conducta de "dar todo lo que puedo"--- en lugar de proporcionar razonablemente lo que podamos a aquellos que más amamos. El amor duro es duro, por lo que nos inclinamos para lograr objetivos secundarios con propósitos menos que altruistas--- comportamiento egoísta que cimenta nuestra raqueta. Nos sentimos mejor dando a nuestros hijos todo lo que quieren, incluso si no podemos pagarlo; aprenden la lección equivocada, que pueden obtener lo que quieran, a cualquier costo. Peor aún, que pueden conseguir lo que quieran... punto.

Uno de mis mayores desafíos, a pesar de todos los juguetes que tenía, eran los celos. Quería todo lo que todos los demás poseían. *Yo era un malcriado*. Mi familia y yo nos preparamos para el fracaso.

Capítulo 12
Miramar

La Quinta Avenida era el bulevar principal de Miramar. Pasé mi infancia media aquí, hogar del famoso Cubanacán Country Club.

Muchos de los profesionales de La Habana y residentes de clase media alta poseían propiedades y vivían allí. Decenas de grandes mansiones se alineaban en la *5ta Avenida*, vía principal en el *distrito de Marianao*, luciendo los espacios residenciales más glamorosos de la Habana de la década de 1950. Miramar Yacht Club también estuvo allí.

Pepe--- *Gallego, ¿quieres ir a montar bicicleta? Escuché que Cuquita "la quincallera" tiene el último Superman que llegó ayer.*
Orlando--- *Sí, vamos hasta la quincalla.*

Cuquita era dueño de la tienda. *La quincalla*, una tienda de conveniencia, era el lugar de referencia de nuestro vecindario para todas las necesidades personales, además de todos los artículos de baratijas. Allí, compramos chicles y dulces, juguetes, cómics y útiles escolares. Cuquita también llevaba artículos domésticos, ropa, materiales de costura y necesidades cotidianas como refrescos, toallas de papel, platos y vasos desechables, tenedores de plástico, cucharas y cuchillos, y otros artículos para usar en fiestas y salidas familiares.

Orlando--- Podemos jugar al escondite.

Pepe--- ¡Eso es genial! Pero quiero ir a la práctica de béisbol en el club. Maco Pérez realizará una clínica este fin de semana.

Cuando nos mudamos a Miramar y nos convertimos en miembros del prestigioso Miramar Yacht Club (MYC), apareció una nueva bendición. El mejor entrenador de béisbol de la isla, Maco Pérez, era entrenador y gerente general. El verdadero trabajo de Maco era entrenar al equipo nacional de béisbol AAA, los Cuban Sugar Kings.

MYC era un paraíso deportivo junto al océano, con un fantástico puerto deportivo y cobertizo para botes de remos y canoas, kayaks, lanchas rápidas y yates de pesca, campos deportivos (béisbol, fútbol y fútbol), una bolera y canchas de squash y jai alai. Ping-Pong, billar y otros deportes de mesa refinaron mis habilidades motoras. Era tan bueno en estos juegos que fui víctima de estereotipos y prejuicios egoístas, creyendo que estaba muy por encima del promedio en muchos rasgos. Era mucho mejor. Fui fenomenal, fui Superboy.

Como niño atleta, participé activamente en una asombrosa variedad de deportes competitivos: boxeo (Academia Militar Culver en Indiana), béisbol (MYC), tenis (Graham Eckes School en Palm Beach, Florida), racquetbol, atletismo y fútbol (Flamingo Park, South Beach, Florida), esquí acuático (tirado por la lancha rápida "Zapato" de papá), bolos, buceo, vela y remo (MYC), pesca submarina (SOBE), tiro con arco (Culver), carreras de motos (Barlovento), cabalgatas (Tarará, Cuba) y tamarindo trepador (La Víbora) y árboles de aguacate (South Beach, Florida).

Tan pronto como llegaba a casa de la escuela, salía corriendo de la casa buscando a mis amigos para jugar. El squash estaba en la parte superior de mi lista. Un deporte de raqueta y pelota jugado por dos o cuatro jugadores en una cancha de tres paredes, similar al racquetbol y al jai alai. Aquellos que recuerdan la Cuba de ayer y que tuvieron la suerte de vivir un ambiente de club similar no pueden olvidar la increíble vida que disfrutamos allí. Por lo general, conducíamos por el camino circular en nuestras motocicletas Zundapp y lo rodeábamos para ver si había amigos.

Luego, a la zona de estacionamiento trasera donde aparcamos "las ruedas". Un paseo hasta la entrada del club trajo la oportunidad de saludar al valet del estacionamiento, *el parqueador*. Según uno de nuestros miembros mayores del club, la vida en MYC fue increíble tanto para niños como para adultos.

El fantasma de mamá--- A veces, había personas sentadas en los cómodos sofás y sillas del salón.

Orlando--- Siempre podíamos parar a comprar una *granadina---* un refresco dulce y delicioso preparado en el snack bar de la piscina.

El fantasma de Humberto--- O comernos un *"sándwich Miramar",* ----un sustancioso jamón y suizo, con un huevo frito entre dos rebanadas de pan blanco untado con mayonesa y mostaza--- el favorito de todos.

Miramar, como llamábamos al club, tenía espléndidos atletas que participaban en varios deportes. Muchos de ellos eran hombres y mujeres jóvenes conocidos en la isla como feroces competidores, héroes para los fanáticos del deporte en todo el país. El club apoyó con entusiasmo a *los Caleteros* en todos los deportes. MYC también contrató excelentes entrenadores y directores. La natación era supervisada por un salvavidas, y los nadadores fueron entrenados competitivamente bajo el entrenador Carlos de Cubas, alentando a los nadadores a meterse en el agua sin miedo.

Originalmente, cuando se construyó el Old Club en los años veinte, la piscina estaba abierta al océano. *Lola la Puñales*, una barracuda: sus dientes eran como cuchillos--- compartía la piscina con los nadadores, a veces saliendo a la superficie debajo de la balsa. Su cuerpo aerodinámico parecía elástico y poderoso, cambiando de flexible a rígido.

Orlando--- Sí, era peligrosa. No me gustaba meterme en el agua cuando ella estaba allí.

El fantasma de Humberto--- Nunca lo hiciste. Además, éramos demasiado jóvenes para competir a ese nivel, así que todo lo que hicimos fue mirar desde la arena. No inventes historias, Gallego.

Orlando--- Le tenía mucho miedo a este pez largo y tubular con un hocico muy puntiagudo lleno de dos filas de dientes y pequeñas aletas hacia atrás, hacia su aleta caudal creciente.

El fantasma de Humberto--- Era gris azul brillante arriba, degradándose a plateado y blanco abajo, con manchas oscuras en sus lados inferiores y barras tenues más oscuras en la parte superior.

El fantasma del entrenador Cubas--- Una exitosa cazadora de emboscadas diurnas que podía nadar en ráfagas de hasta treinta y cinco millas por hora. Lola no era un peligro para los humanos en la balsa.

El entrenador a menudo nos recordaba que Lola podía atacar por error objetos brillantes o peces atrapados en lanzas. Él decía: "si ves a Lola mostrando sus *puñales* (dientes) moviéndose rápidamente a través del agua, agitando su cola de lado a lado, vuelve a la balsa". Esta acción de la cola impulsa a los peces de la misma manera que el sculling impulsa un bote.

Durante lo que llamábamos *los Nortes* (nuestro invierno, con ráfagas de vientos del noreste), el entrenador llevaba al equipo a la piscina de otro club, el Casino Español, porque la alta mar a menudo invadía nuestra piscina en mar abierto. A medida que nos acercamos a los primeros encuentros de natación, *El Carnaval de Relevos* (el popurrí), estaba seguro de que ganaríamos. Nuestro excelente equipo incluyó a Luis Janes, Mayito Montalvo, Mauricio Astorga, Joaquín Fernández, Dicky Martín, Mayín Padrón, Ernestico Martín, Diego Roqué y Manuel Fernández-Silva. No sé si a menudo ganábamos porque estábamos mejor entrenados o porque teníamos buenos nadadores.

Mi mejor amigo en Miramar era Pepe Toraño. Otro buen amigo fue Jorge de Cárdenas. Él y su hermano, Mike, tomaban prestada mi Zundapp cuando yo no estaba mirando. Me enojaba durante unos minutos, pero luego estaba bien después de una buena risa.

Por la noche, nuestros padres y amigos se reunían en el salón, o en el comedor, o en la terraza, o en el bar. Existían muchas oportunidades en el club para que los miembros de todas las edades se divirtieran mucho.

¡Esas fiestas! Mis padres disfrutaron del *Baile de Debutantes*, en celebración de las niñas de quince años (*quinceañeras*) que salen a la "edad adulta social", las *Fiestas Guajiras* (fiestas campestres), las fiestas dadas por los *"yachtistas"* (gente del yate), el *Baile de Máscaras* y los que celebraban la llegada del Año Nuevo. Ah, y las fiestas en la pista de patinaje y, finalmente, las más entrañables, las fiestas de los niños con *piñatas*: La competencia enfrentaba a todos los niños, con los ojos vendados, turnándose para golpear la gran caja de papel maché llena de dulces con un palo para que todo su delicioso contenido pudiera caer al suelo para ver quién recogía más golosinas.

¡Mucho para recordar!

El fantasma de mamá--- *El club era el sitio más seguro para que ustedes jugaran.*

El béisbol era el rey. *"El beisbol es un deporte de equipo donde nueve jugadores con un guante en la mano impiden que el equipo al bate anote carreras"*, Maco Pérez exclamaría. Maco me enseñó el ejercicio de "las cuatro esquinas".

Maco--- Atrapar y lanzar una pelota de béisbol, desde el suelo o desde arriba, *central, centrodelantero, lateral derecho e izquierdo, y delantero derecho* e izquierdo desarrolla la coordinación ojo-mano y la memoria muscular.

Papá y mamá a menudo asistían a la práctica, una oportunidad para mostrar nuestra habilidad durante una jugada, marcada por un paso adicional para que pareciera *lijosa* (dramática) --- más difícil lograr un mayor impacto. Por lo general, Maco y Humberto verbalizaron la mayor parte de lo que escuché.

Maco--- La persona más importante en un equipo se llama lanzador, que lanza una pelota a la segunda persona más importante del equipo, el receptor. Todos deben estar observando al lanzador y al receptor, para ver a dónde va el lanzamiento, qué hace el bateador y estar listos--- saber de antemano qué harás a continuación.

Humberto--- Presta atención, Gallego. ¡Deja de mirar a la chica en los laterales!

Equipo Verde de pelota 1957, ganador del Campeonato de Clubes.
<u>Arrodillados</u>: A. López, Orlando García, Arístides Fernández Abril, Pepe Toraño y J.M. Espinosa

Capítulo 13
Nace Ana María

Durante nuestro último año en Miramar, una de las mejores cosas que me han pasado ocurrió el 25 de agosto de 1956, el día más sorprendente de mi vida, el nacimiento de mi hermanita, diez años y un día después del mío. La llamamos Ana María. Según recuerdo, estaba pasando el mejor momento de mi vida en mi fiesta de décimo cumpleaños cuando mi madre embarazada a término "desapareció". *Se la tragó la tierra*. Nadie me explicaba por qué se había ido, excepto la tía Chely (Tía Tá), siempre cuidando mi estado de ánimo y seguridad, asegurándose de que entendiera el mundo que me rodeaba.

Orlando--- Tía Tá, ¿dónde está Mamá?

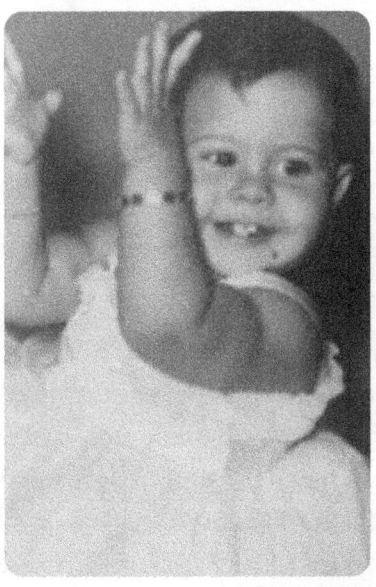

Chely--- *Fué al hospital a traerte un bebé. ¡Es hembra!*

Realmente no lo sabía con certeza. En 1956 no había ultrasonido; el sexo del recién nacido era una sorpresa para todos.

Nos fuimos a la cama por unas horas, y luego sucedió. Temprano en la mañana del 25 de agosto de 1956, Tía Tá nos llevó a Humberto y a mí al hospital para conocerla. Me quedé allí asombrado. Un cosquilleo surgió por todo mi cuerpo. Una oleada de emoción que nunca había sentido antes en mi vida.

Esta pequeña cosa fue repentinamente mía; reclamé la posesión inmediatamente. Cuando mis ojos golpearon su angelical cuerpecito, se congelaron, y no pude pensar ni reconocer nada más a mi alrededor. Comencé a disfrutar de una experiencia placentera que deseaba que no terminara nunca; estar totalmente satisfecho con "mi presente" y disfrutarlo.

El mundo parecía detenerse, mantener su lugar en el tiempo, solo por ese momento perfecto. Ella es un poco rara, pensé, tan pequeña y arrugada. Mientras dormía, miré fijamente a este precioso angelito. Mis manos temblaron mientras lentamente me agachaba para tocar sus pequeños dedos y sentir la suavidad de su piel. Pasé las puntas de mis dedos muy suavemente por su rostro liso, y de inmediato, me enamoré.

Entonces, mi hermano dijo: "Puedes despertarla y abrazarla". Estaba extasiado. ¡Finalmente iba a conocerla! Mientras la sostenía, miré fijamente sus hermosos ojos marrones y supe al instante que la amaría y apreciaría para siempre con todo mi corazón. Anita era *comestible*, su grasa de bebé redondeaba sus brazos como una salchicha. Sus piernas, del mismo modo,

Nace Ana María

aparecieron debajo del vestido gritando "muérdeme". Me encantaba pellizcarle el trasero y las mejillas y jugar todo el día. No podía dejar de besarla, abrazarla, hacer caras graciosas para llamar su atención esperando una respuesta, una imitación. Ella llenó el corazón de todos con alegría, especialmente el mío.

Ana María vivió en Cuba desde su nacimiento hasta el día de Año Nuevo de 1959. Dejó su país para siempre a los dos años y cuatro meses de edad. Como yo era diez años mayor que ella, lamentablemente no pasamos tanto tiempo juntos, pero ella siempre corría hacia mí para abrazarme cada vez que me veía venir.

Anita, como la llamé más tarde, siempre estaba buscando atención juguetonamente. Cuando no lo hacía, todos nos sentíamos preocupados, acercándonos a ella por detrás para llamarla "peek-a-boo". Ella saltaba hacia atrás y se reía, como cuando le hacían cosquillas. Siempre limpia y perfumada, bañada con champú francés seguido de colonia generosamente salpicada, vestida como una muñeca y mimada por todos. Raro era el momento en que alguien no la sostenía. Toda esta atención la hizo sentir especial, induciendo así hábitos que aprendió y esperaba, el comienzo de su propia trampa de lujo.

Años más tarde, en Madrid, España, Anita tuvo su Primera Comunión. Vestida con una tela de organza blanca brillante, su prenda terminaba justo por encima de las rodillas. Tenía doce años. Ana María asistió a la escuela católica en Madrid. Más tarde, se casó con René, uno de los mejores amigos de mi infancia. En un par de años, ella solicitó el divorcio. Él se convirtió en Lex Luthor.

Capítulo 14
Academia Militar Culver

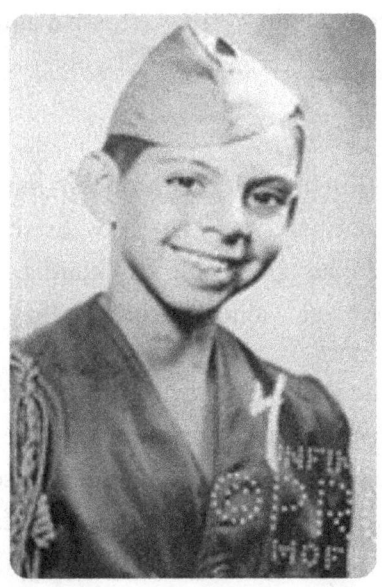

Woodcraft División 2

De 1950 a 1956 escuchamos, respiramos, probamos y olimos cada juego que jugaron los Yankees. Memorizamos su lista de jugadores, interpretamos sus posiciones, hablamos de sus activos, emulamos sus hazañas y nos convertimos en ellos. Entonces, cuando llegó junio de 1957 y llegó el momento de viajar a Nueva York, una primera parada antes del campamento de verano cerca de Chicago, solo estábamos pensando en el Yankee Stadium. Tenía once años.

Mientras nos preparábamos para el viaje, a Humberto y a mí nos mostraron fotos de una escuela militar en el norte de Indiana llamada Culver Military Academy (alma mater de George Steinbrenner), que parecía ofrecer todo tipo de actividades divertidas y deportes. Papá no nos dijo por qué íbamos a pasar tiempo en el extranjero, pero luego supe la razón. La Habana ya no era segura porque la guerrilla urbana de Fidel Castro estaba arrebatando a niños ricos y a aquellos de familias que tenían relaciones cercanas con el gobierno, para retenerlos por un rescate.

No todo terminaba bien. Entonces, mis padres estaban ansiosos por enviarnos a estudiar a los Estados Unidos. Poco después de llegar al aeropuerto de La Guardia, tomamos un taxi y nos registramos en el Waldorf Astoria.

El Waldorf fue reconocido mundialmente como el hotel más lujoso de la ciudad de Nueva York. Era difícil seguirnos el ritmo, así que mamá dejó de correr detrás de nuestras colas y comenzó a orar por nuestro regreso a ella una vez que hubiéramos concluido nuestras juguetonas desapariciones dentro del hotel. Visitamos todos los clásicos turísticos típicos uno por uno: el Empire State Building, la Estatua de la Libertad, un paseo en barco por el Hudson, la Catedral de San Patricio en la Quinta Avenida, las tiendas en la calle cuarenta y dos y la Quinta Avenida, los teatros de Broadway y un paseo en carruaje tirado por caballos en Central Park. Mi madre estaba presionando para irse al hotel a recoger el equipaje y dirigirse a Penn Station para abordar el tren a Chicago, luego a South Bend y, finalmente, a Culver.

Papá--- Es hora de irse.
Superboy--- ¿A dónde?
Mamá--- Chicago.

Humberto--- Espera un minuto, ¿no vamos al Yankee Stadium?

Nos agarramos del abrigo de papá, rechinamos los dientes y gruñimos: "¡Yankee Stadium, papá!". Echamos una rabieta--*-perreta*. Siempre supe que no nos defraudaría; nunca lo hizo. Poco después, abordamos el tren No. 4 con destino a Woodlawn al Bronx. Cuando salimos de la estación de la calle 161/ Yankee Stadium, nuestros corazones latían con fuerza. Bajamos corriendo las escaleras del metro hasta el nivel de la calle, papá trataba de seguirnos el ritmo. Cruzamos la calle sin mirar mientras nos alejábamos del tren. Teníamos el estadio frente a nosotros, luego las puertas abiertas. Las súplicas y demandas que venían a la velocidad de la ametralladora de ambos eran demasiado para soportar. "¡Vamos, papá!" Ahora estábamos gritando, suplicando, mientras corríamos hacia el estadio.

Las rampas hasta el primer nivel, una carrera contra el reloj, retrocediendo en el tiempo, corriendo hasta los años más jóvenes, buscando voces y sonidos de ayer.

Luego, corrimos hacia nuestra izquierda, nuestros corazones palpitantes enviaban sangre hacia el cerebro, y desde el cerebro de vuelta al corazón, y desde aquí a ambas piernas, dejando el intestino sin sangre. ¡Ahí estaba! Una luz de sol a través de la pared redonda a la derecha.

Si tuviera cien páginas para escribir, describiría todos los detalles, las briznas de hierba... pero que esto sea suficiente: sabíamos que faltaban segundos para estar en el cielo.

El sol explotó su luz a través de las puertas abiertas que conducían a las filas de sillas e hileras--- salió como una ráfaga de fuego, volando del cielo hacia nuestro parque de béisbol. Entonces, la hierba más verde que jamás había visto. Nuestros corazones acelerados a una velocidad extremadamente alta se detuvieron repentinamente. Durante unos segundos, no hubo flujo sanguíneo.

En anticipación de este milagro, nuestros cuerpos entraron en las gradas, nuestras almas en la hierba; y allí estaban, todos sus fantasmas vestidos de blanco con uniformes azules a rayas, nuestros Yankees en posición: el receptor Yogi Berra detrás del plato de home, con una gran sonrisa. Bill Skowron en primera base; Billy Martin en segunda base; Andy Carey en la tercera base; Gill McDougald en el campocorto, una posición previamente ocupada por uno de mis favoritos, Phil Rizzuto, retirándose para convertirse en locutor de radio y televisión. Elston Howard estaba en el jardín izquierdo; Mickey Mantle (mi jugador favorito de todos los tiempos) en el jardín central --- Joe DiMaggio se había retirado en 1951; Hank Bower estaba en el jardín derecho, y Whitey Ford estaba en el montículo del lanzador, el zurdo preparándose para entregar una bola curva asesina.

Nuestros corazones se llenaron de gratitud y un alma satisfecha, tan viva y agradecida con el mejor padre del mundo, tomamos el metro de regreso a Penn Station. Esa tarde, partimos hacia Chicago.

Teníamos reservas en The Palmer House, de hecho, el mejor hotel de la ciudad. En la cena de esa noche, nuestra mesa fue servida por dos camareros, uno parado junto a la mesa durante toda la comida para rellenar el agua fría de nuestros vasos con solo mirar hacia él. Vestidos con Redcoat, una túnica escarlata---prendas militares utilizadas ampliamente por la mayoría de los regimientos del ejército británico, Royal Marines y algunas unidades coloniales dentro del Imperio Británico, desde el siglo XVII hasta el siglo XX: marcharon de un lado a otro trayendo nuestra cena de cinco platos. El plato en el medio, el tenedor de la cena y el tenedor de ensalada a la izquierda del plato, el cuchillo de mantequilla con la hoja hacia el plato y la cuchara en el exterior a la derecha del plato. Al día siguiente, el tren a Culver.

Culver Woodcraft Camp ofrecía un campamento de verano de seis semanas basado en actividades diseñado para jóvenes de nueve a catorce años. Muchas actividades deportivas desafiantes, incluidas algunas a las que ninguno de nosotros había tenido exposición previa: rafting, esgrima, tiro con arco, natación en el agua helada del lago y boxeo, por nombrar algunas, prometían una magnífica oportunidad para disfrutar de una gran experiencia de verano.

Llegamos en tren desde Chicago en la segunda semana de junio de 1957. Una 'T' de la tarde se detuvo en Culver Station y se trasladó directamente a The Culver Inn en Lake Maxinkuckee, un antiguo edificio de ladrillo rojo y piedra que servía como hotel y restaurante para padres y visitantes. Recuerdo el folleto que recogimos en la Oficina de Admisiones. "La Academia Militar Culver en el norte de Indiana, fundada en 1902, y las Escuelas y Campamentos de Verano de Culver agregados más tarde a un entorno de 1,700 acres lleno de diversión y naturalmente hermoso donde los jóvenes desarrollan una autoestima positiva a través de logros personales y autodisciplina, es nuestro objetivo".

El folleto agregó: "Nuestra misión es educar a los estudiantes para el liderazgo y la ciudadanía responsable en la sociedad mediante el desarrollo y el fomento de todo el individuo, mente, espíritu y cuerpo, a través de programas integrados que enfatizan el cultivo del carácter, entregados en un entorno de alto desafío y apoyo para aprender habilidades de liderazgo que mejoran la confianza personal".

Humberto tenía doce años y yo once. Woodcraft Camp ofrecía más de ochenta cursos y actividades electivas. No podíamos esperar para saltar a las nuevas aventuras que teníamos ante nosotros.

Entonces, la tragedia golpeó. Poco después de llegar al campamento, después de registrarnos, nos mudamos del edificio de administración a una gran área de césped y tiendas de campaña. El consejero de la academia que nos asignaron para orientación, el coronel Parks, nos dio la primicia sobre los dormitorios.

Coronel Parks--- Las cabinas con marco en A están equipadas con ventiladores de techo y ventanas con mosquitero por todas partes. Los artesanos de la madera duermen prácticamente al aire libre. Cada campista tiene un contenedor central, un armario y un contenedor deportivo asignado para artículos personales.

Era alto y bastante imponente, llevaba múltiples cintas y medallas en los bolsillos de su camisa, alfileres atornillados en su uniforme azul marino, principalmente en la gorra y la solapa, conciencia deportiva de su categoría militar y una gran sonrisa contagiosa. Todos nuestros artículos personales habían sido cuidadosamente doblados y dispuestos por mamá antes de salir de La Habana, y colocados en dos grandes baúles de madera, uno para cada uno de nosotros.

Coronel Parks--- Las cabañas albergan hasta doce campistas, carpinteros y un consejero. Cada grupo de cuatro o cinco cabinas comprende una unidad, que también incluye un consejero principal y dos o tres consejeros asistentes. El consejero principal es su principal punto de contacto durante todo el verano. Siempre debes mantener una actitud positiva, especialmente al compartir experiencias personales con otros campistas.

Mientras hablaba, sentí un nudo en el estómago, sintiendo que el temido momento de separación de mi madre se acercaba. Me aferré fuertemente a su vestido, mientras el coronel señalaba a un grupo de estudiantes campistas que charlaban cerca.

> *"Dan se aferró a ella en una gratitud sin palabras, sintiendo la bendición del amor de madre, ese don divino que consuela, purifica y fortalece a todos los que lo buscan".*
> —Louisa May Alcott, *Jo's Boys*

Los ataques de pánico implican sentimientos repentinos de terror que golpean sin previo aviso. Las personas que experimentan un ataque de pánico pueden pensar que están teniendo un ataque cardíaco, se están muriendo o se están volviendo locas. Mi incomodidad era más ansiedad por separación que cualquier otra cosa. No me atreví a decir una palabra mientras Humberto seguía tirando de mí como lo haría mamá si necesitaba mi atención. De repente, Humberto miró al coronel Parks y habló fuera de turno.

Humberto--- Las actitudes son expresiones básicas de aprobación o desaprobación--- cuando estamos a favor o en contra de algo que nos gusta o no nos gusta. Espero que nos gusten esos campistas a los que te refieres.

Podía sentir que algo malo estaba a punto de suceder. Me asustó; todos los demás parecían estar de acuerdo con eso. Seguí aferrándome al vestido de mamá, acercándome nerviosamente a ella. Finalmente, Humberto apretó su mano sobre mi mano, separándome de mamá, y comenzó a arrastrarme hacia los niños uniformados.

Humberto--- *¡Vamos, Gallego! ¡Corre, vamos, vamos!*

Cuando dejamos atrás a mamá, me voltee para mirar y saludar, pero ella ya se había ido. Fue entonces cuando sucedió. Nos acercamos a los campistas que parecían estar charlando, bromeando, riendo a carcajadas y simplemente pasando un buen rato. En un minuto - mucho menos de 60 segundos, su actitud cambió. Lo noté, y sé que Humberto también lo hizo. Recordé brevemente las palabras de la señorita Ledo: "Sus intereses deben ser provocados por el deseo de comunicarse con los niños estadounidenses. Ambos se acercarán a varios niños que querrán jugar con ustedes; estén atentos a su intención".

Tanto ellos como nosotros nos enfrentamos inmediatamente a un nuevo desafío. Adaptar, percibir, comprender e interpretar rápidamente el mundo cambiante que nos rodeaba, particularmente la acción potencial de cada uno hacia los demás, era ahora una prioridad. A medida que interpretábamos un cambio repentino en la intención, y sometiendo la realidad y su efecto en la seguridad personal a su aparente significado, no había tiempo para encontrar una razón o explicar qué, cómo o por qué estaba sucediendo esto. Necesitábamos claridad sobre el siguiente paso.

Mamá, papá y el coronel habían pasado días hablando de las amistades y la camaradería que había que adoptar para acercarse a otros niños en el campamento. Pero los niños a los que nos acercamos, parados en un montículo cubierto de hierba, de repente se dieron cuenta de que no nos parecíamos a ellos; éramos más bajos, más oscuros, caminábamos raro--- obviamente no era lo habitual ver a dos niños acercándose tomados de la mano.

Tan orgulloso como fue siempre, acostumbrado a sacar el pecho de hermano mayor en presencia de un ridículo inminente, Humberto sintió que este no era el momento de mostrar fuerza. No era un momento para seguir adelante, inseguros acerca de nuestras pobres habilidades en el idioma inglés, ni retirarnos lentamente, cabizbajos y avergonzados. No estaba a punto de doblarme y renunciar a mi personaje con superpoderes, proporcionado por la certeza de mi papel como Superboy. Pensé: "No debo permitir que nos acerquemos demasiado, arriesgándome a parecer una burla de todo lo que apreciaba, ya que mi fuerza representaba a aquello en lo que deseaba convertirme".

Limitado por nuestra racionalidad, Humberto actuó rápidamente, adaptándose a lo que parecía ser una situación fuera de control: mi hermano despegó en una nueva dirección. Hacia las cabañas corrió, todavía con mi mano en la suya. Corrí con él, salvando mi brazo de ser arrancado, a la parte posterior del bosque cerca de una tienda de madera y lona que albergaba a los campistas, todavía vacía esperando a los primeros residentes. Nos sentamos en el suelo junto a una cabaña. Sentí que el suelo se ablandaba y mis pantalones se mojaban en líquido tibio, la orina corría por mi ropa interior hasta mi muslo. No era la primera vez para mí. Sufrí enuresis nocturna en Cuba durante años. Persistiría un poco más.

Durante las siguientes dos semanas, orinarme en la cama requirió levantarme temprano para lavar y secar las sábanas antes de la primera llamada de la mañana, la trompeta era una advertencia de que los campistas debían prepararse para reunirse para la formación, una tarea que solo Superboy podía lograr. Una marcha a Chow Hall para un desayuno saludable y nutritivo seguiría. Siempre esperaba una porción súper caliente de avena cortada en acero con pasas, canela y miel.

Sin embargo, mientras marchábamos, una emoción dolorosa causada por la creencia de que podía ser percibido como inferior o indigno de afecto o respeto envolvió mi pensamiento. Estaba abrumado por eso y me sentía tan mal conmigo mismo, avergonzado y humillado, que mi autoestima se debilitó. Estaba deprimido por una conciencia de culpa e incorrección. ¡También hacía frío como el infierno! Esas noches de verano de Indiana trajeron temperaturas treinta y cuarenta grados Fahrenheit más bajas que las que experimentamos anteriormente en Cuba. El viento que soplaba desde el lago no ayudó.

El fantasma de papá--- Estoy seguro de que fue difícil, pero hiciste lo correcto. Estoy orgulloso de ti.
Orlando--- Luché.
Superboy--- Traté de ayudarte.

Estaba compartiendo mi cabaña con otro chico que dormía en una litera cercana. No podía permitirle saber que había mojado la cama, avergonzado de compartir el olor a orina; habría hecho cualquier cosa para evitarlo. No había otra solución que sacar las sábanas mojadas de la cabina a las 4 a.m. para lavarlas en una enorme carpa que albergaba los lavamanos y duchas comunes de los soldados. Luego, recogerlos y exprimir cada una--- solo el área mojada con orina--- y colgarlas para que se secaran en los arbustos cercanos. Luego regresar a la tienda, acostarse en el colchón durante aproximadamente una hora y volver a hacer la cama a las 6:30 a.m--- con sábanas frías y húmedas antes de que nadie más se despertara.

Esto continuó durante aproximadamente dos semanas, cuando Superboy de repente se dio cuenta de que ya no estaba sucediendo. La marea había cambiado. Ahora yo era uno de ellos, pero mi orgullo había sido herido.

El comportamiento se ve afectado por ciertos rasgos que varían de persona a persona y con frecuencia pueden influir o ser desencadenados por nuevas acciones y nuevos comportamientos. Debemos resolver estos factores desencadenantes para actuar "normalmente" de acuerdo con las normas locales y los patrones de comportamiento. Creo que ese evento en Culver, en el primer contacto con aquellos que aparecieron como amigos, pero rápidamente se convirtieron en enemigos, cambió el rumbo que surfeamos, pedaleamos y remamos por el resto de una buena parte de nuestras vidas.

El fantasma de Humberto--- Bien, digamos que tienes razón. Pero sabes por qué corrimos, ¿verdad?
Orlando--- Claro, lo sé.

El fantasma de Humberto--- Entonces, no fue solo porque temía por tu seguridad; de hecho, también estaba bastante asustado. ¡No sabía qué esperar! Era mejor ir a lo seguro.

Orlando--- Lo sé. No te estoy culpando.

El fantasma de Humberto--- ¡Solo estoy diciendo! La confrontación era un riesgo que no podíamos permitirnos.

Muchos problemas relacionados con el comportamiento vergonzoso se ocultaron de los otros campistas, tanto dentro como fuera de la cabina. En cada cabaña dormían cuatro, dos campistas a un lado de una pared divisoria de madera cortando la tienda en dos mitades sin llegar al techo, y dos en el otro lado. Uno de los dos niños que dormían en el lado opuesto a veces se paraba en el estribo de su cama para mirar por encima de la pared y llamarnos. Era para conversar y presumir de algún logro deportivo competitivo o para mostrarnos su pene, significativamente más grande que los otros tres. Confieso haberlo mirado con asombro y, a menudo, con lujuria dirigida a tener uno así yo mismo, es decir, poseer uno.

Esta experiencia fue bastante confusa, ya que reflexioné sobre la preferencia sexual. Presentaba un sentimiento dicotómico debilitante de afición o apetito divergente por cualquiera de los géneros, un mayor gusto por una alternativa sobre otra. Tenía doce años y me gustaban las chicas, pero esta experiencia fue extraña y me hizo sentir incómodo.

A medida que avanzamos desde el campamento de verano de la Academia Militar de Culver a través de la Escuela Graham-Eckes en Palm Beach, a Miami Beach Senior High School y, finalmente, a la escuela de medicina en Madrid, España, vi en Humberto el miedo al fracaso mostrado ese primer día en el terreno de Culver. La decisión que tomó de huir del peligro inminente, arriesgándose a que cualquiera de esos muchachos pusiera en duda su hombría, parecía lo correcto en ese momento. Sin embargo, él sabía que yo sabía que se acobardó. Nunca lo llamé "a dar cuentas" por eso.

El fantasma de Humberto--- Me negué a cambiar quién era. Tú, por otro lado, te convertiste en un camaleón. Te vi adaptarte a diferentes entornos a expensas de tu ego.

Orlando--- Cuando era adolescente, solo salías con chicas latinas, te negabas a ser "americanizado", nunca hablabas inglés sin acento español y presentabas una personalidad grandiosa. Tu inmenso ego gobernó tu comportamiento. Yo, por otro lado, decidí ser como esos chicos---adaptarme.

Me identifiqué con mi nuevo entorno. Me adapté. Mi inglés hablado sería tan perfecto que nadie se daría cuenta de que era un extranjero. Mis gestos, deportes favoritos, preferencias musicales y estilo de juego serían tan estadounidenses como el pastel de manzana. Quería cambiar de la personalidad de "niño rico" que era en Cuba, a esos estudiantes de secundaria sin pretensiones del Medio Oeste de los Estados Unidos que solo querían divertirse. Esa es la forma en que *elegí* ver el impacto que la diversidad nos presentó ese día.

Aunque mi nuevo mundo realmente no me cambió significativamente, sentí renunciar a quién era hasta ese momento--- convertirme en una nueva persona. Me di cuenta de que podía ahorrarme la pena y el dolor de aquellos que están paralizados por la adaptación. Ambos teníamos nuestro propio ego que proteger, y cada uno encontró un camino claramente personal para equilibrar quiénes éramos contra las demandas impuestas por nuestras circunstancias. Cuando Orlando comenzó a interpretar un nuevo yo, Superboy, la serenidad reemplazó mi ansiedad.

El impacto que tendría este nuevo país era impredecible. Nuestros padres eligieron protegernos del peligro físico en casa, por lo que nos enviaron al extranjero. Asistir a una escuela militar en los Estados Unidos, nos sensibilizó al nuevo entorno en un grado mucho mayor de lo que nuestros padres o nosotros esperábamos.

Lo que sucedió en ese inesperado proceso de aproximación-percepción-llegada y el posterior momento de "lucha o huida" de partida del peligro claro y presente, dejó a esos muchachos y a nosotros preguntándonos qué sucedió. Me pregunto: "¿Por qué mamá no previó este terrible momento?"

Capítulo 15:
El Biltmore

Mi último *barrio* cubano también estaba ubicado cerca del océano. Solo vivimos allí dieciocho meses, perdiendo nuestro hogar por la Revolución de Castro.

Después de mudarnos a El Biltmore, fuimos bendecidos con los medios para pagar dos sirvientas y nuestra niñera (Cachita), un *chofer* (Luis) y un chef (Modesto). No era así en La Víbora o Miramar, nuestros barrios anteriores. Esas hermosas personas morenas y negras---*los criados* que trabajaban en nuestra casa---tenían sus propias familias. Eran personas buenas, honestas, comprometidas con su familia y la salud de sus hijos; era su deber. Pero, al no haberlos experimentado en su mundo privado, me pregunté si practicaban la Santería.

El hogar en El Biltmore

Mi infancia se vio afectada por una multiplicidad de desastres significativos: el crimen político, la Segunda Guerra Mundial, la bomba nuclear, el racismo, la moral cuestionable, las relaciones cercanas engañosas y la religión y la fe distorsionadas. Sin embargo, mis padres se aseguraron de que solo viera lo bueno, con una visión filosófica positiva de mí mismo y de mi entorno. El consejo de mi madre: "Mira tu vida con positividad en lugar de contar las formas en que Dios no te ha bendecido", se quedó conmigo a lo largo de los años, ayudándome a mantenerme enfocado en mis bendiciones.

Mi familia / Goya y Rebert

Tal vez fue la "gratificación instantánea" lo que impulsó mis frecuentes deseos y demandas, o el exceso de juguetes y frecuentes "sorpresas" que recibimos de familiares y amigos, especialmente durante Navidad, Los Reyes Magos y cumpleaños. *Yo era un "malcriado"*. En mi décimo cumpleaños, le pedí a papá una motocicleta, que mamá rechazó de inmediato, así que me preguntó si había algo más, y le dije: "Un caballo". Me llevó a un enorme establo a las afueras de La Habana. La pista estaba operativa durante los meses de invierno, y muchos de los mejores establos de Estados Unidos trajeron sus mejores caballos al hipódromo de Oriental Park para competir. Se inauguró en 1915, operado por un amigo, el propietario del Jockey Club Habana-Americano de Cuba.

El dueño le ofreció a papá lo mejor que tenía en el establo. Escuché al hombre decirle a papá: "Este caballo fue engendrado por un famoso pura sangre, Nashua, ganador del Derby de Kentucky en 1955". Al final de su temporada de 1956, después de treinta carreras con un récord de 22-4-1, Nashua fue retirado para pararse en el semental, el segundo caballo en ganar más de $ 1 millón. Mientras caminábamos por los establos, este increíble animal nos miró y, lo juro, sonrió. Lo llamé Capulí. Ganó todas las carreras en las que participó, pero después de que lo llevamos a casa, nunca volvió a correr.

Conseguí mi motocicleta la siguiente Navidad de 1957. Mi Zundapp se adaptó específicamente a mi altura y peso. El cuadro delantero se curvaba hacia abajo desde el manillar hasta los pedales, para permitir que mis piernas cortas saltaran y alcanzaran una superficie plana después de una carrera corta para mover la motocicleta hacia adelante. Una vez levantado del suelo, mientras me ponía de pie y me lanzaba al asiento, lograba el equilibrio necesario para el movimiento hacia adelante cuando abría el acelerador.

Mamá--- Humberto, mi esposo, ¡no puedo creer que quieras que tus hijos mueran! Compraste estas dos "motos" el año pasado sin consultarme primero. Sabes que nunca estaría de acuerdo.

Desafortunadamente, este comportamiento magnánimamente derrochador no crio a un niño financieramente responsable y comprometido a participar en obligaciones tipificadas por el ahorro y la restricción. Por el contrario, transfirió una sensación de recursos ilimitados, una mentalidad de gran gastador que nos afectó para siempre a Humberto y a mí.

También desencadenó un comportamiento de comprador *compulsivo*, agregando impulsividad y descuido a cada compra, cada sueño, para sostener nuestra "trampa de lujo". Años más tarde, practicando medicina en Orlando, Florida, entré en un concesionario Acura y compré cuatro de los cinco automóviles en la sala de exposición. El quinto fue un NSX valorado en 100.000 dólares. Incluso hoy en día, es difícil dar la espalda a la compulsión de comprar cosas. Todavía controla mi vida, como una adicción al juego.

Superboy lideró una especie de pandilla de motociclistas, reunidos alrededor de motocicletas, amigos cercanos con gustos compatibles e intereses mutuos que disfrutaban frívolamente del vecindario *"seguro"*. Un nuevo desarrollo cercano, Barlovento---más tarde Marina Hemingway, fue mi Daytona Speedway privado. Con calles y aceras pavimentadas, electricidad y plomería subterráneas, postes de luz y letreros de calles ya en el nuevo desarrollo, la brisa del océano de la costa atlántica de Cuba soplaba arena seca nueva necesaria para proporcionar una fina cubierta de calle, perfecta para una experiencia deslizante y estimulante de carrera de motocicletas.

No más rápida que la velocidad de la luz, ni con una fuerza para levantarla del suelo, mi motocicleta alemana Zundapp y yo despegamos en las calles vacías de Barlovento (ni una sola casa aún construida) como un rayo mientras salía con la señal de arranque al bajar la bandera. Aceleré por caminos arenosos y me moví lateralmente para balancearme de lado a lado lo más rápido que pude, pasando las motos de mis amigos mientras abría el acelerador dejando atrás cada giro y entrando en la recta.

El Biltmore

Centrados en la bandera a cuadros y el círculo de ganadores, otros competidores perdieron la carrera--- para ellos un evento de todo o nada; no había nada más que ganar en su mente. Para Superboy, la emoción provenía de cada respiración segundo a segundo llena de sal y agua del océano, los suaves sonidos de las suaves olas rompiendo en el puerto deportivo y el rugido de los motores que giraban RPM.

La emoción de la carretera que experimenté de primera mano también se transfirió a las carreras de autos profesionales. Cuando tenía once años, vi carreras de Fórmula Uno en el Gran Premio de La Habana (1957), convirtiéndome en un fanático para toda la vida del gran argentino Juan Manuel Fangio. Dominó la primera década de las carreras de Fórmula Uno, ganando el Campeonato Mundial de Pilotos cinco veces.

El gobierno de Batista había establecido el Gran Premio de Cuba fuera de Fórmula Uno en 1957. Fangio ganó el evento de 1957: su foto conduciendo el Maserati 250F ganador de la carrera en una curva en la parte del Malecón de la bahía en el circuito cuelga hoy en la pared sobre la cabecera de mi cama principal. Había establecido los tiempos más rápidos durante la práctica para la carrera de 1958. Su estrellato lo llevaría a una situación desesperada.

El 23 de febrero de 1958, dos pistoleros desenmascarados del Movimiento 26 de Julio de Fidel Castro entraron en el Hotel Lincoln en La Habana y secuestraron a Fangio a punta de pistola. El motivo era puro: al capturar el nombre más grande en el automovilismo, los rebeldes estaban apareciendo en el gobierno y atrayendo publicidad mundial a su causa. Pero a pesar de las impactantes noticias que se extendieron por todo el mundo, *el presidente Batista* no se quedó atrás y ordenó que la carrera continuara como de costumbre mientras un equipo de policías perseguía a los secuestradores. El tío Orlando ordenó controles de carretera en las intersecciones y asignó guardias a los aeropuertos privados y comerciales y a todos los conductores competidores. Los rebeldes liberaron a Fangio después de veintinueve horas.

Sentía orgullo cada vez que escuchaba la historia mientras mamá se la contaba a sus amigos y a papá. No le gustaba que Humberto y yo repitiéramos cosas que escuchamos en casa, pero difundíamos entre nuestros amigos, la acción policial como una historia del tío Orlando logrando el poder de superhéroe y usándolo para salvar la vida del mejor piloto de carreras de todos los tiempos. Encajaba perfectamente con el drama que llenaba los sueños que abrazaba de ser, yo mismo, un superhéroe.

Capítulo 16
Escuela Graham-Eckes

Dios mío,
Concédeme la serenidad para
aceptar las cosas que no puedo cambiar,
la fuerza para cambiar las cosas que puedo,
y la sabiduría para hacer entender la diferencia.
---*La Oración de la Serenidad*

Graham-Eckes School fue fundada en 1926 en Daytona Beach por las medias hermanas Inez Graham y Evelyn Eckes. Era lo que ahora se llama una escuela preparatoria para la universidad, y enseñaba a los estudiantes desde el jardín de infantes hasta la escuela secundaria. En 1941, se trasladó a una vía navegable de tres acres y medio de océano al canal interior, de "Mar-a-Lago", conocida como Oheka.

El edificio de la escuela en sí había sido una mansión diseñada por Maurice Fatio. Los dormitorios y las canchas de tenis se agregaron más tarde. Sigue siendo una de las escuelas privadas más antiguas de Florida. Graham-Eckes, la única escuela secundaria de la ciudad era "Palm Beach". Sus trescientos estudiantes vestían uniformes inmaculados de verano e invierno, tomaban el té de la tarde, tenían cenas formales todos los días y cotillones todas las semanas, y aprendieron estrictos códigos de gracia social y honor. Muchos fueron a escuelas de la Ivy League.

El día que llegamos, en el otoño de 1958, Humberto y yo nos sentamos con el consejero de orientación. Mientras revisaba nuestra historia académica y desempeño en La Salle, vio evidencia de que había completado sexto grado (para alcanzar a Humberto) tomando clases privadas con el Sr. Mederos en La Habana durante el verano. Estábamos posicionados para ingresar al séptimo grado, pero cuando ofrecimos las transcripciones de las asignaturas, hubo una pausa por parte del consejero de admisiones estudiantiles mientras consideraba si aceptar o rechazar este nivel de ingreso.

Este era el problema: el sistema escolar de Cuba, *Bachillerato* y los sistemas estadounidenses de secundaria y preparatoria no tienen una equivalencia clara. Tanto la escuela secundaria como *Bachillerato* terminan con el grado 12. La diferencia radica en que el primero requiere cuatro años después de la escuela intermedia (séptimo y octavo grados) mientras que la segunda estructura son cinco años después del séptimo grado.

En ese momento, a Humberto y a mí nos quedaban seis años para graduarnos de cualquiera de los sistemas escolares. En un formato numérico, el grado actual en el que ambos estábamos programados para ingresar era séptimo. Mis logros académicos pueden haber dicho una cosa, pero mi cuerpo y mis emociones expusieron otra. Acababa de cumplir once, demasiado inmaduro para comenzar el séptimo grado. Ya había estudiado, completado urgentemente y aprobado un sexto grado en el verano, así que realmente pensé que necesitaba ingresar al sexto grado para fortalecer las materias mientras crecía mi vocabulario en inglés.

Sorprendentemente, los adultos en la habitación (mi madre y el consejero) se confundieron. Mi madre insistió en que la educación de Cuba superaba a la de los Estados Unidos, y esto presionó a los administradores escolares para que fueran aún más lejos. En lugar de inscribirme en el sexto grado, donde sentía que pertenecía emocionalmente, el consejero nos colocó a ambos en el séptimo grado.

Ahora, en séptimo grado, estábamos a dos años del noveno grado, lo cual sería el inicio de la última etapa de estudios del bachillerato. El sueño de mi madre de vernos subir juntas al podio con toga y birrete se movía en la dirección correcta. Sin embargo, éramos demasiado pequeños para encajar--- no solo cubanos (estatura más baja que los estadounidenses) sino también un año (Humberto) o dos (yo) más jóvenes que el resto de la clase. Incluso las chicas se elevaban sobre nosotros dos. Ellos nos veían como genios, y nosotros a ellos, como gigantes.

El fantasma de Humberto--- *¿Te acuerdas, Gallego? "¡Caballo grande, ande o no ande!"*

Este dicho popular puede tener una variedad de significados. Que sea más grande siempre es mejor, dicen. Utilizado como crítica a aquellos que adquieren o buscan grandes cosas guiados solo por el deseo de ostentación, sin mirar su utilidad, belleza, elegancia. Para la mayoría de los hombres cubanos significaba que puedes mostrar a una mujer alta y sus atributos corporales mejor que a una mujer baja.

Orlando--- Los domingos, asistíamos a clases sobre cómo servir té.
El fantasma de mamá--- Esta experiencia te será útil si algún día viajas a Inglaterra. Cuando llegues a casa, espero que mis hijos me sirvan té.

El fantasma de Humberto--- Lo odiaba. Nunca sabré por qué la escuela no tenía un equipo de béisbol, centrándose en cambio en la elegancia y los modales sofisticados.

Los chefs profesionales preparaban comidas, y a los estudiantes se les decía que observaran al mayordomo porque personificaba al caballero perfecto. Las sirvientas se mantenían ocupadas limpiando habitaciones. La escuela tenía un club de vela, un club de esgrima y todos los clubes de idiomas imaginables. Tenía su enfermera, su librería, su *inconfundible prestigio*. El código de vestimenta, moda particular dependiendo de la época, puso a las chicas en vestidos de camisa, o en blazers y faldas y chicos en pantalones y corbatas. Era estricto, estricto, estricto.

La iglesia católica local, St Edward's en la 144 North County Road, ha sido llamada "la iglesia más hermosa" de Palm Beach, y recordada por su "espléndida arquitectura, una congregación histórica y un interior simplemente magnífico". Estaba (y está) ubicada al otro lado de la calle de la legendaria Green's Drug Store, una farmacia establecida en 1938, donde los clientes disfrutan de buena comida y espesos batidos de leche mientras esperaban las recetas.

Unos de mis amigos, Humberto, y yo salíamos a escabullirnos de la iglesia durante la misa, cruzábamos la calle e íbamos a la cafetería al lado de Green's, propiedad del tío de Joe DiMaggio, obviamente un fanático acérrimo de los Yankees. Docenas de fotos en blanco y negro de jugadores de los Yankees llenaban las paredes del café, el estímulo principal para nosotros, fanáticos rabiosos de los Yankees. Mi desayuno favorito era simplemente café americano y magdalenas inglesas untadas con mantequilla y gelatina de fresa.

Tampoco puedo olvidar las bromas que le hicimos al profesor de español. Uno de muchos ejemplos: después de un par de meses de caminatas dominicales a la iglesia, a Carlos Pires, uno de los estudiantes cubanos, se le ocurrió una broma. Siendo uno de los mayores del grupo, nos convenció al resto de nosotros de jurar al maestro que nos habíamos convertido al islam, por lo que ya no podíamos asistir a misa el domingo.

Humberto y yo luchamos por encajar en Graham-Eckes, donde éramos minoría, pero no estábamos solos. Un pequeño grupo de seis o siete, nosotros y nuestros amigos cubanos confiábamos el uno en el otro para la seguridad y el sentido de comunidad, nos sentíamos aliviados de poder hablar español juntos. A diferencia de cuando interactuaban con los estudiantes elitistas estadounidenses, que mostraban racismo y prejuicios hacia nosotros a pesar de nuestro estatus social en Cuba, dentro de nuestro pequeño círculo cubano, la cultura no era una barrera. Al principio, todos los estudiantes cubanos eran nuestros amigos cercanos, pero eso cambiaría a nuestro regreso.

Parte 4

Escape de La Habana

Capítulo 17
Enfrentando un nuevo comienzo

No recuerdo el estado mental de mi hermano en el momento en que salimos de Palm Beach y volamos de regreso a casa para disfrutar de la Navidad con nuestra familia. Mis sentimientos eran diferentes a los de cuando salí del campamento de verano en Culver el verano anterior. Sabía cuánto sufrí en Graham-Eckes, víctima de prejuicios y racismo. Más que unas pocas lecciones de muchas decepciones y sueños destrozados--- construidos en torno a la pertenencia a una sociedad "superior". Ahora sabía que no era así. Sabía que no era aceptado por la élite estadounidense, ni lo sería nunca. Volver a casa fue un gran alivio, el día más feliz de mi vida, el 20 de diciembre de 1959. Todavía había mucho más dolor por venir.

La Navidad llegó y se fue; una increíble reunión familiar llena de amor e historias sobre la escuela y el estilo de vida estadounidense. Traté de ocultar mi dolor, incluso de mí mismo, dando relatos floridos de experiencias positivas, deportes desafiantes y eventos sociales increíbles entre la alta sociedad. Palm Beach era, después de todo, un hogar de renombre mundial para los más ricos del mundo. La familia estaba encantada con nuestras historias y se sentía orgullosa de tener los medios y el coraje para enviarnos allá.

Sin embargo, les ocultamos muchas experiencias desagradables que sufrimos durante nuestros primeros tres meses en la escuela. Humberto y yo fuimos intimidados por varios estudiantes estadounidenses que también causaron dolor a otros niños más pequeños. Uno de ellos se llamaba MacDonald. Daba miedo. Lo vi golpear a un niño en la boca sabiendo que tenía sistema de ortodoncia. El sangrado profundo presentó una escena horrible que reviví en pesadillas durante numerosas noches mientras estaba en Palm Beach, rezando para que no me eligiera su próxima víctima. Las cosas empeorarían mucho cuando regresáramos en enero.

Llegó la víspera de Año Nuevo de 1958. El día comenzó tan sin incidentes que no tengo ningún recuerdo de ello. Sé que todos los preparativos fueron para la fiesta de fin de año en la casa de la abuela Rita; estábamos todos juntos, casi. Poco después, quedaría brutalmente claro por qué los hombres estaban desaparecidos de la reunión familiar. También se convertiría en el día más importante de mi vida.

Esa noche, me picaba la tristeza y la emoción incierta sabiendo que el viaje de regreso a la escuela era inminente. Palm Beach nos estaba esperando. Estábamos programados para volar de regreso a la escuela el 6 de enero. Esto me molestó terriblemente porque es el Día de Reyes, cuando Melchor, Gaspar y Baltasar le traen regalos al niño Jesús en Belén. No es que las enseñanzas religiosas de mi escuela católica tuvieran suficiente impacto en mí para cimentar mi fe en Dios; no, esta no fue la razón de mi "desgracia", sino más bien la idea de no recibir mis regalos de *"Los Reyes Magos"*. Siendo Cuba una población predominantemente cristiana, la teología católica gobernó sobre el dogma institucionalizado laico, que Santa Claus personificó en la víspera de Navidad al llevar regalos a los niños de todo el mundo occidental. Por lo tanto, recibíamos más regalos el 6 de enero que el día de Navidad.

Enfrentando un nuevo comienzo

Nuestros padres nos habían enviado a estudiar al extranjero para protegernos de la violencia en La Habana tejida por las fuerzas revolucionarias de Castro, las guerrillas urbanas. Con un esfuerzo por ganar la guerra contra las fuerzas "malvadas" de un "dictador", es decir, Fulgencio Batista, los combatientes plantaron explosivos en cines, escuelas y aceras, provocando pánico y muerte de personas inocentes.

También, como parte de sus tácticas de terror, arrebataron a niños de familias ricas de patios de recreo, escuelas y vecindarios para luego exigir un rescate a cambio de sus vidas. Mi familia, mis tíos en particular, eran parte de esa élite gubernamental. Éramos los "pocos privilegiados". Mis padres estaban dispuestos a tomar todas las precauciones para evitar que esto nos sucediera a mi hermano y a mí.

Cuando tenía doce años, nada en mis sueños más salvajes podría haber proporcionado una pista de un evento que torcería el destino y ahogaría todas las esperanzas de Cuba de un futuro mejor, uno que consumiría cada gota de vida de su gente, uno que nadie más que unos pocos de nosotros vimos venir: el triunfo de la Revolución. Este evento traería dolor y catástrofes inimaginables a Cuba. Aunque la mayoría de la población cubana estaba en contra de Batista, a quien veían como un asesino despiadado que perpetraba el terror contra su pueblo, había mucho que no sabían. La corrupción y la tiranía a menudo se citaban en paralelo con su régimen, y aquellos que se sentían así tenían razón.

Sin embargo, el comunismo amenazaba al país. Fidel Castro, un asesino probado cuando era estudiante de derecho, se había convertido, con su hermano, Raúl, en miembro del Partido Comunista a fines de la década de 1940. Hubo una lucha global que enfrentó al fascismo contra el comunismo. Un aliado de los Estados Unidos, Batista, y sus seguidores, eligió el lado anticomunista del espectro político. Aunque su elección trajo riqueza y aparente estabilidad al país, el desastre para la familia cubana se seguía gestando.

La seguridad del gobierno debe haber estado por todas partes, pero no fue vista por mí. Tanto el general Batista, el presidente del país, como Fidel Castro, a punto de derrocarlo, utilizaron argumentos en apoyo de sus acciones y puntos de vista sobre el camino hacia el mejor gobierno para Cuba. Dependiendo del lado en el que estuvieras, pensarías y expresarías tus sentimientos en apoyo de una ideología u otra.

Bajo Batista, disfrutamos del inmenso beneficio de una prensa libre, excepto por los últimos dos años de su mandato, 1957 y 1958, cuando estableció la ley Marshall. Todo era política, un tema que no se discutía con frecuencia con los niños. No sabía que esto estaba sucediendo, era demasiado joven para estar interesado en las políticas gubernamentales y, por lo tanto, estaba totalmente ausente del discurso político sobre la guerra militar a punto de destruir el mundo que --- y el resto del país--- conocía. Mis preocupaciones eran mucho más mundanas: ¿Qué está preparando mamá para el almuerzo? ¿Qué me estará esperando el día de Reyes? ¿Cuándo puedo volver a usar mi Zundapp?

Exactamente un año antes, el 26 de diciembre de 1957, me dirigía a Barlovento cuando sucedió. Una pregunta que me hice con frecuencia, después de una experiencia cercana a la muerte: ¿Por qué me salvé? Poco después de salir de mi casa de Biltmore en mi Zundapp, de repente recordé haber olvidado algo en casa. Hice un giro brusco en U sin mirar atrás para ver si venía alguien. Un hombre que conducía un VW Beetle estaba lo suficientemente cerca de mi cola, incapaz de no chocar conmigo, tocó mi rueda delantera mientras intentaba evitarme violentamente girando a su izquierda. Mi motocicleta y yo giramos un par de veces mientras él conducía directamente hacia un poste de luz. Poco después, cuando me desperté de una conmoción cerebral leve, mis manos y codos con rasguños superficiales y abrasiones, abrí los ojos para ver una visión borrosa de la cara de este hombre sangrando por un agujero en su frente.

Mi ángel de la guarda estaba allí ese día. No recuerdo haberle preguntado a mi madre sobre el destino de aquel hombre, probablemente estaba demasiado asustado para saberlo, pero estoy seguro de que mi ángel me mantuvo a salvo, en ese momento en particular, en ese lugar en particular; así es como mamá lo explicó.

Ahora, diciembre de 1958 en la casa de Rita, recuerdo haber pensado en el accidente cuando, mirando alrededor de la sala de estar de Rita, vi a mi primo Chachi.

Observé a su madre, a mi tía Ofelia y a la abuela Rita, ayudarlo a subir a una silla donde procedió a recitar, de memoria, en francés, algo previamente preparado como despedida de fin de año. Era un par de años más joven que yo, y para mí, parecía ridículamente un "nerd," con sus pantalones cortos a cuadros, de pie en esa silla. Amaba mucho a Chachi, pero siempre parecía haber algo que nos dificultaba interactuar directamente. Supongo que sus prioridades de estilo de vida eran diferentes a las mías.

Orlando--- *Humberto, mira a Chachi. Tía Ofelia lo vistió para darnos la bienvenida.*

Mayrita, como todos la llamábamos, y afortunadamente todavía lo hacemos, era mi prima favorita. Ella disfrutaba sosteniendo mi oreja con su mano izquierda mientras se chupaba el pulgar con la derecha. Así, todos pensaban que era zurda, como su padre, Salvador, y le decían "la Zurdita". Tal comportamiento impulsó la atracción sexual freudiana, pero Freud no tenía nada que ver con el hecho de que disfrutábamos de la compañía del otro. Otra prima favorecida, Silvia Almeyda, ya fallecida, que descanse en paz, no estuvo presente en la fiesta. Ella estaba en Georgia, con sus padres, Olivia (Avin) Piedra y el Dr. David Almeyda, donde David se formó como anestesiólogo.

Poco antes de la medianoche, todos nos reunimos para cumplir con una tradición del Año Nuevo cubano que se dice que elimina todas las dificultades del año anterior. Cada miembro de la familia, incluso los niños, ayudaron a llenar un cubo con agua y lo vaciaron vigorosamente por la puerta principal. Muchos vieron esta tradición como brujería, pero también sabían que servía al propósito psicológico de elevar la animosidad de aquellos desanimados por el fracaso. Ayudó a mantener la esperanza y desencadenar aspiraciones, en la creencia de que podían abordar las preocupaciones con confianza y determinación.

Habiendo lavado nuestras penas del año anterior, estábamos listos para alentar la buena suerte para el venidero. Exactamente a medianoche, siguiendo la creencia convencional española, cada uno comió doce uvas, una para cada mes del año, en cada golpe del reloj. Mientras sostenía cada uva en la mano, con la boca abierta, hice todo lo posible para pedir un deseo significativo--- buena suerte, prosperidad y felicidad para todos los que amaba, una tarea no fácil de lograr. Recuerdo claramente ese momento, teniendo dificultad para tragar las uvas de la manera correcta mientras me reía de esta locura, sabiendo que no podía terminarlas a tiempo.

Unos minutos después de la medianoche, mi tío Orlando, con su guardia de seguridad de tres autos esperándolo afuera, llegó a la casa de su madre Rita. Me asomé por la ventana, sabiendo que los hombres misteriosamente poderosos que protegían la vida de mi tío estaban a solo unos metros de distancia, apoyándose en las *perseguidoras* (carros de policía), con las luces apagadas para pasar desapercibidos. Sin perder un minuto, el tío Orlando señaló a todos los adultos presentes a una habitación separada. El ambiente se sentía raro. Todos salieron poco después de eso, tal vez veinte minutos más o menos; su expresión facial mostraba preocupación; la fiesta terminó abruptamente, no tenía idea de por qué, y nos fuimos a casa. El viaje para nosotros fue corto, ya que vivíamos a pocas cuadras de la casa de Rita.

Poco después de llegar a casa, mi único recuerdo me coloca arriba, en la habitación de mis padres, en la cama de mi madre. Imágenes en blanco y negro, oscuras e iluminadas artificialmente de mamá moviéndose de la cama a su armario aparecen cada vez que busco ese instante--- ella estaba reuniendo artículos personales importantes y documentos que guardaba en la caja fuerte familiar ubicada dentro del armario. Ojalá tuviera una varita para tocar su alma en ese mismo momento, un par de horas después de la medianoche, cuando ella rompió su corazón y drenó su espíritu. Como anestesiólogo, ahora puedo definir mi nivel de conciencia en ese momento como "sedación moderada", es decir, fácilmente excitable, pero incapaz de captar la mayor parte de la actividad cercana. Papá se fue de casa poco después de nuestra llegada de la casa de Rita--- supe más tarde, que se había ido a recuperar pasaportes falsos, ya sellados con visas otorgadas por un funcionario del gobierno que conocía que trabajaba en el Departamento de Estado cubano.

Mi siguiente recuerdo me coloca dentro del auto de mamá, conduciendo lejos de nuestra casa por última vez, luego, a través de La Habana, una ciudad normalmente vibrante en la vida nocturna, para celebrar la víspera de Año Nuevo con luces y música, baile y fuegos artificiales, pero tristemente extraña y vacía, mortal y aterradora, temerosa de aparecer para el cambio de poder que tuvo lugar ese día. Mis perros no estaban con nosotros. En mis pesadillas, a menudo veo espejos, imágenes en movimiento de plantas y animales, gritos en silencio, y ladridos --- que disminuyen.

Orlando--- *Abuela, ¿dónde están Goya y Rebert?*
Abuela Esperanza--- *Yo no sé, pero pronto vendrán. No te preocupes, todo va a salir bien.*

No todo estaba bien, de hecho, todo estaba mal, a punto de empeorar. Nos movíamos por una Habana tranquila y oscura alrededor de las 4 a.m. Años más tarde, aprendería por qué eran las 4 de la mañana, y no las 3 de la mañana o las 5 de la mañana. Landín había aconsejado a sus hermanos que no abandonaran la isla antes de esa hora precisa, ya que las 4 a.m. era la hora fijada para la salida del presidente de Columbia, el aeropuerto del comando central militar, a Santo Domingo. Con mis ojos llorosos, insistí.

Orlando--- ¿Dónde está Goya? ¿Dónde está Rebert?
Humberto--- *¡Cállate!*
Mamá--- ¡No le hables así a tu hermano!
Humberto--- ¡No se detiene!

Batista salía del país acompañado por los miembros más prominentes de su gobierno, incluidos el gabinete, el Congreso, la Corte Suprema y los miembros de más alto rango tanto de la policía como de las fuerzas armadas nacionales. Años más tarde, durante las salidas familiares, escuché que tres días antes del día de Año Nuevo, mi tío menor, Osvaldo (Chirrino) Piedra, copilotó el avión que llevó a la familia de Batista a la ciudad de Nueva York. Chirrino fue derribado por el avión de entrenamiento vintage T-33 de Castro dos años y medio después en la fallida invasión de la Bahía de Cochinos.

El fantasma de papá--- La comitiva del presidente permanecería en la República Dominicana durante aproximadamente un año bajo garantía de seguridad proporcionada por el dictador dominicano Rafael Leónidas Trujillo Molina por un supuesto monto de diez millones de dólares estadounidenses. El gobierno de los Estados Unidos negó la entrada de Batista a los Estados Unidos. Después de que pasó el año, Batista y su familia se mudaron primero a Madeira, Portugal, y luego a Madrid, España. Murió catorce años después, de un ataque al corazón, el 6 de agosto de 1973, en Guadalmina, Málaga, en la costa sur de España.

La noche estaba en silencio en esa madrugada, el primer día de 1959. Debo haberme quedado dormido. No puedo imaginar el estrés que mis padres y la abuela Esperanza deben haber sentido en sus corazones y mentes, presintiendo que los guerrilleros se acercaban; no hay tiempo suficiente para que el ferry nos salve. El ferry estaba programado para partir de La Habana hacia Key West a las 10 a.m. en su primer viaje desde el verano anterior cuando una Orden Ejecutiva canceló el servicio, por razones de seguridad, de su horario habitual de cruceros entre Key West y La Habana. Los turistas estadounidenses habían dejado de venir a La Habana a finales de 1957 para proteger su seguridad, según lo aconsejado por el Departamento de Estado de los Estados Unidos.

Como funcionario de alto rango en el gobierno, mi padre estaba bien versado en inteligencia militar y protocolos de seguridad nacional. Se le aconsejó que buscara nuestro éxodo utilizando esta ruta, a diferencia del Aeropuerto Internacional de La Habana, el Aeropuerto de Rancho Boyeros, ubicado a quince kilómetros (nueve millas) al suroeste de La Habana. Rancho Boyeros fue la primera salida cerrada por la guerrilla. Papá había sido CEO de esa instalación, familiarizado con el aterrizaje, despegue, refugio, suministro y reparación de aeronaves, recibiendo y descargando pasajeros y carga.

El sol me despertó justo después de las 6 de la mañana de esa primera mañana de 1959. Hacía calor, pero la mayor parte de la incomodidad provenía de su luz brillante que se estrellaba contra la ventana del automóvil. Es más que extraordinario, como para parecer imposible, intentar comprender las consideraciones de mis padres sobre la situación en cuestión. Se debe haber llegado a docenas de conclusiones salvajes al discernir temerosamente cada posibilidad horrible, mientras reflexionaban en anticipación la apertura de las puertas de entrada del muelle. Siguieron tres horas de agonía y angustia extrema.

Enfrentando un nuevo comienzo

Muchas preguntas escandalosas, pero solo una que se repite con frecuencia: "¿Qué tan cerca están los guerrilleros?" "Terriblemente cerca, así que mejor nos damos prisa", siempre fue la respuesta. ¿Quién sería el marplot para salvarnos? ¿Cómo terminará esta agonía mental? El carro se ponía cada vez más caliente. Trabajando duro para parecer decorosa, mamá permaneció callada; no había tiempo para el discurso, ya que su mente pensante presentaba más preguntas que respuestas, ciertamente no una para ser compartida con el resto de nosotros.

Estábamos en el muelle esperando en nuestros autos para abordar el ferry "hacia la libertad". Habíamos perdido Cuba, y con ella, todo lo que importaba hasta ese día de repente se volvió sin sentido, mientras luchamos por sobrevivir. Como nunca había experimentado un desafío como este, no tenía ni idea de los eventos que mis padres habían temido en el pasado. Poco me imaginaba, unas horas más tarde, durante el viaje en ferry, nuestra casa sería saqueada por vecinos, "amigos" y extraños que se enteraron, a través de las noticias de radio y televisión, que habíamos abandonado el país para siempre. Nuestra vida personal, mis pertenencias, en un instante, como un tornado--- peor porque fue llevada a cabo a propósito por humanos llenos de envidia y enojo, buscando venganza--- desaparecerían.

Si tuviera que ponerle música a ese día, elegiría una canción, "El Reloj". Fue un bolero exitoso en los años 50 escrito por el compositor mexicano Alberto Cantoral y cantado por el galán chileno Lucho Gatica. La letra habla de un momento trágico en el tiempo, un reloj que avanza sin piedad hacia un destino terrible. Eso fue Cuba.

Para nuestra desgracia, las vidas vividas estaban a punto de quedar atrás para siempre: el último bolero no fue bailado

Capítulo 18
Abordamos el ferry a la libertad

Servicio de ferry a Cuba: vea el último viaje de La Habana a Florida en la década de 1960 | Noticias mundiales | El Guardián

Para contar mi historia, confío principalmente en la memoria explícita, el recuerdo consciente e intencional de información, experiencias previas y conceptos vinculados a eventos específicos de la vida. Estos son recuerdos de eventos que me sucedieron directamente o a mi alrededor. El recuerdo de una batalla por el territorio para acomodar el asentamiento de mi familia ya no era una batalla por Cuba, sino una "batalla por Miami". Acabábamos de perder nuestra isla paradisíaca; no iba a haber otro día que se sintiera y se viera como todos los días anteriores en la vida de todos en esos autos y en el barco. El colapso de la infraestructura tradicional de mi familia comenzó ese día y cambió a través de los años, impactado por nuevas circunstancias de nuevas vidas, tocadas por experiencias propias.

Comenzamos a abordar el ferry alrededor de la 1 p.m. La tarifa era de $ 13.50 por trayecto, o $ 26.00 ida y vuelta. Cuando Estados Unidos y Cuba eran amigos, las *SS liberianas* de la Ciudad de La Habana salía de Cayo Hueso hacia La Habana los martes, regresando los jueves, y de regreso a La Habana los viernes o sábados a las 11:00 a.m. El viaje comenzó ese dia nuevamente después de unos meses interrumpidos por razones políticas, con un viaje a Key West temprano en la mañana del lunes. El barco podía acomodar a quinientos pasajeros y ciento veinticinco autos, pero ese primer día de 1959, un jueves, solo 50 pasajeros abordarían, para navegar noventa millas durante siete horas.

Las cosas no eran precisamente amistosas en La Habana. Apenas seis meses antes, la violencia callejera y en clubes nocturnos provocó temor entre los turistas estadounidenses, lo que llevó al Departamento de Estado de los Estados Unidos a aconsejar a los ciudadanos estadounidenses que no viajaran a Cuba. Poco después, por un decreto presidencial firmado en agosto de 1958, Batista ordenó que el servicio de transbordadores se detuviera de inmediato, imprudente para la economía, un caso extraordinario de necesidad y urgencia, pero una mejor opción que ser víctima de la mala prensa norteamericana.

Batista había hecho del 1 de enero de 1959, el día para la renovación del servicio de ferry, supuestamente destinado a recargar la economía. Los viajes turísticos entre La Habana y Key West constituyeron una parte significativa de los ingresos de la isla. ¿O fue esto, en cambio, una coincidencia o un verdadero milagro? ¿Lo había planeado todo el tiempo, con la intención de proporcionar múltiples puertas de salida y oportunidades para abandonar la isla a miembros de su gobierno, familiares, y amigos en este día, el último de su mandato? Cuando se abrieron las puertas, papá condujo su automóvil hacia el área de estacionamiento, seguido por mamá y otros vehículos familiares en su mayoría pertenecientes a miembros de mi familia, conducidos por mis tías y llevaban a mis primos.

He contado la siguiente historia de nuestro escape una y otra vez:

Aparcamos a pocos pasos de la Oficina de Inmigración de la Autoridad Portuaria para verificar pasaportes, comprar boletos, asegurar visas de turista y obtener un lugar de estacionamiento de automóviles asignados apresuradamente. No había cabinas para que los pasajeros tomaran una siesta o usaran un baño privado para las necesidades. Todos los viajantes tenían asientos abiertos. Algo no estaba bien. La hora de salida de las 10 a.m. llegó y paso, y todavía estábamos en el auto. No estábamos cómodos.

Todo el viaje me pareció espeluznante, pero algo aventurero. Al igual que en la exitosa canción de 1971 "American Pie", sobre la pérdida de la inocencia de la primera generación del rock and roll, este iba a ser el día en *que mi* música murió.

Continué,

Estábamos esperando a que papá saliera del edificio Dockmaster cuando apareció de repente, solo. Caminó apresuradamente hacia el auto, abrió el maletero, sacó un rifle de repetición M1 Garand--- un rifle de servicio estándar de Estados Unidos durante la Segunda Guerra Mundial y la Guerra de Corea: papá siempre llevaba uno en el maletero del automóvil y regresó al edificio. Poco después, varios hombres salieron del edificio y comenzaron a agitar sus manos por encima de sus cabezas, ordenándonos que condujéramos los autos al ferry, lo cual hicimos. Papá lo siguió, gritando para que abordáramos el ferry.

Papá--- *Vamos Chonita, Ofelia, Osilia, todos adentro de los carros. ¡Hay que abordar ahora mismo!*

Los autos fueron conducidos al bote y estacionados de manera segura. Todos subimos las escaleras al segundo o tercer nivel y entramos en una gran sala con mesas y sillas, lo que parecía ser el comedor. El barco partió en treinta minutos, llevándonos a todos a un lugar seguro.

A partir de este punto, ocasionalmente agregaría:

Justo después de salir del muelle, escuchamos disparos desde lejos. Una bala rompió una ventana en el comedor del barco donde todos estábamos sentados en una mesa cuando la abuela Esperanza comenzó a vomitar su desayuno.

Mamá gritó: "¡Aléjense de las ventanas"! "¡Tírense al piso y escóndanse debajo de la mesa!". Los guerrilleros en el puerto disparaban rondas hacia el barco."! y todos nos escondimos debajo de las mesas, cagados en los pantalones, asustados y rígidos.

¡Wow! Mis oyentes exclamaban mientras dramatizaba los "hechos" con cada vez mayor entusiasmo y emoción.

Cuarenta y dos años (la vida de mi padre) más tarde, mientras vivía en Miami, Florida, mi esposa y yo invitamos a un viejo amigo, Ramón Quintero, a almorzar en un asador argentino, Las Vacas Gordas en la calle setenta y dos de Miami Beach. Quintero sufría de miastenia gravis, una enfermedad neuromuscular debilitante que limitaba su deambulación. Usando un andador, cruzó lentamente la calle hacia el restaurante. Poco después de sentarse, me miró y me preguntó:

"*¿Sabes cómo tú y tu familia salieron de Cuba?*"

Ramón había sido un amigo cercano en Cuba y socio comercial de mi padre mientras vivía en España a mediados de los años 60; se conocían bien. Respondí: *"Sí, por supuesto"* y procedí a contar mi historia, con todo el escrutinio y la emoción. Me detuvo y dijo: *"No, así no es como sucedió"*. No estaba yo preparado para lo que estaba a punto de escuchar.

Abordamos el ferry a la libertad

* * * * *

La verdadera historia, contada por Ramón Quintero:

Ramón Quintero--- *Tu padre, mientras trabajaba en la aduana en La Habana, estaba encargado de regular y facilitar el comercio internacional, de cobrar derechos de importación y de hacer cumplir las regulaciones estadounidenses, incluidos el comercio, las aduanas y la inmigración. Él se reunió con un capitán de buques comerciales que tenía un cargamento de bicicletas para descargar en el puerto. Su barco estaba anclado, pero carecía del dinero para cubrir los impuestos sobre los derechos de importación. Como subcomisario encargado de la entrada de mercancías y personas en el país, tu padre solo respondía ante el comisario, quien, al parecer, respondiendo a la llamada de un empleado, ordenó al barco que pagara las tasas o regresara al puerto de salida original.*

Y prosiguió:

Ramón Quintero--- *Tu padre se negó a permitir que se llevara a cabo este castigo y se ofreció a pagar los impuestos de su bolsillo, ahorrándole al capitán daños mayores irreparables. Feliz y asombrosamente casual, ese capitán era el encargado aquel día de Año Nuevo de pilotar el transbordador que te llevaría a la libertad. Al oír la difícil situación de Humberto y suplicarle ayuda, acudió para devolverle el favor.*

Durante los meses siguientes en la cena con Ramón, Mary Carmen y yo revivimos el encuentro con Quintero, tomándonos mi drama a la ligera. Nos reímos, y alegremente nos tocábamos, sabiendo que podíamos juguetear bromeando. Ese no fue el caso cuando compartía la "historia" fabricada del momento más importante (en el tiempo) de mi vida, cuando mi música murió, el día más relevante, con amigos y compañeros.

El primero, fue compartido con amor, el segundo, con dolor, ocultando inconscientemente muchas verdades--- de mí y de los demás. Los recuerdos retenidos por mí, ese día, habían sido bloqueados y temporalmente cambiados a una gaveta de memorias difíciles que almacena "fallas de almacenamiento", no recuerdos capaces de ser mantenidos vívidos como memoria de trabajo. El miedo y el dolor pueden haber sido motivo de mi ideación de fantasía, soñando lo que deseaba que fuera verdad. Honestamente creo que los guerrilleros estaban allí, pero no recuerdo, con certeza, el horrible ruido de los vidrios explotando cerca, ni las balas volando sobre nuestras cabezas, ni agachándonos debajo de las mesas.

* * * * *

El ferry llegó a Key West alrededor de las 7 p.m. El viaje fue tranquilo, el atraque y el desembarque transcurrieron sin problemas, ya que el personal de Aduanas de los Estados Unidos y luego del Servicio de Inmigración y Naturalización revisó nuestros documentos y pertenencias.

Esta vez, nuestra llegada a suelo estadounidense fue diferente de lo que había sido antes. Había funcionarios del gobierno revisándonos cuidadosamente, asegurándose de que no estuviéramos ocultando nada. Se sentía mucho peor que raro, como si no fuéramos bienvenidos. Las autoridades portuarias estaban legalmente obligadas por las directrices del Departamento de Estado a proporcionar instalaciones adecuadas para albergar a los repatriados y exiliados políticos que llegaban sin previo aviso. Esta llegada no se sintió igual que todas las demás en el pasado, y eso es porque no lo fue.

Esta vez, estábamos escondiendo un arma dentro de mi almohada.

Esta vez, había unas pocas docenas de exiliados políticos cubanos esperando afuera, y Superboy estaba sentado en un arma escondida dentro de un cojín de asiento. Ciudadanos cubanos deportados o exiliados voluntariamente del gobierno de Batista viajaron a Cayo Hueso en protesta por nuestra llegada. Los que esperaban afuera habían escuchado un rumor de que Landín estaba a bordo del ferry, por lo que se convirtieron en una multitud ruidosa exigiendo su liberación mientras gritaban palabras en español que nunca había escuchado.

Esbirro: Un fiel seguidor o partidario político, especialmente uno preparado para participar en el crimen o prácticas deshonestas a modo de servicio--- "el secuaz del dictador".

Latifundistas: terratenientes ricos que habían expulsado a los agricultores de sus granjas y a los pobres de sus hogares--- "protectores de la propiedad ilegal de la tierra en Cuba".

Paredón: Muro de roca detrás de los ejecutados por un pelotón de fusilamiento. La multitud gritó: *"¡Ponlo contra la pared y dispárale!"*.

¿De qué se quejaban? Pensé que habíamos sido un ejemplo de virtud, ¡y ahora estábamos acusados de todas estas brutalidades! Hasta esa fatídica noche, mi convicción más profunda era que todos los hombres y mujeres eran básicamente buenos, es decir, la humanidad equiparaba la buena voluntad. Más allá de esa noche, mi fe en las personas, e incluso en las cosas, mis percepciones de todos los comportamientos e intenciones se volvieron sospechosas. Dejé de creer en la humanidad; comencé a compartir mi viaje con esos humanos deprimidos que caminan por el camino oscuro de la tristeza, una melancolía triste y miserable que desencadena la duda, terminando en un sentimiento de abatimiento y enojo. Se arrastra diariamente, como la tierra de una montaña que baja para inundar un pueblo. Había perdido mi inocencia.

Papá comenzó a distraernos con una pequeña charla. Mis padres hicieron todo lo posible para mantenernos seguros y aislados de la realidad del momento, compartiendo información en base de la necesidad de saber. Nos subimos a nuestros autos y comenzamos a conducir hacia el norte por la US 1 hasta Miami, la ciudad de destino para la mayoría de los cubanos por razones políticas, en la carretera principal más oscura del país, la autopista de los Cayos de Florida.

Mi madre y la abuela Esperanza no hablaban, excepto solo papá, sosteniendo apropiadamente la inocencia de sus adolescentes.

Papá--- *Tú sabes, mi hijo, este país no es extraño para nosotros. ¿Recuerdas cuando visitamos Miami Beach un par de veces contigo y tu hermano, y nos alojamos en el Hotel Roney Plaza en Collins Avenue y la calle 23?*

Mi madre guardó silencio, ocultando sus sollozos de derrota y la pérdida de una vida que nunca volvería a experimentar, su peor momento en el tiempo. Papá parecía estar bien. Ella estaba petrificada.

Capítulo 19
La era temprana de Castro: Los Milicianos

Los Milicianos

Estos hombres querían matarnos.

> "Una revolución no es una cena, o escribir un ensayo, o pintar un cuadro, o hacer bordados. No puede ser tan refinado, tan pausado y gentil, tan templado, amable, cortés, moderado y magnánimo. Una revolución es una insurrección, un acto de violencia por el cual una clase derroca a otra".
>
> —Mao Zedong

Todos los líderes revolucionarios son considerados por la mayoría de los historiadores con un rasgo de personalidad común. Todos ellos son "narcisistas colectivos", imbuidos de ideales de grandeza y llenos de certeza de poseer una misión dada por Dios para liberar a millones de personas de la injusticia. Caracterizado por liderar a todos los miembros de un grupo, tanto ellos como el grupo disfrutan de una visión inflada de su relación consigo mismos y con los demás; siempre requiere validación externa. Fidel Castro fue uno de esos líderes.

Los Milicianos, el nombre dado a los que lucharon contra la Revolución en las montañas de Cuba, eran originalmente *campesinos* (arrendatarios y trabajadores agrícolas), en su mayoría sin educación, pero otros eran trabajadores urbanos, empleados en diversos negocios en ciudades de todo el país. Algunos eran estudiantes universitarios. Llegaron a La Habana en tanques y camiones, luciendo trajes de batalla, colgando rifles del hombro o sosteniéndolos en la mano con los brazos levantados, uniformes de camuflaje, sudor sucio y goteante, y una barba excepcionalmente grande---"Los Barbudos". Liderando una caravana a través del centro de Cuba, vitoreada por cientos de miles de personas que se alineaban en las calles y aceras y llenos de asombro, un Desfile de la Victoria: un espectáculo asombroso, que mereció profundo respeto y veneración, ya que la multitud ofreció un apoyo absoluto a Fidel, el nuevo líder supremo.

Desde las oscuras horas previas al amanecer del primer día de 1959, hasta el verano de ese mismo año, la Revolución de Castro comenzó el año con el asesinato de cientos y luego miles de partidarios de Batista. Muchas víctimas *no* eran *batistianos,* sino personas que aprobaban el status quo; fueron percibidos por otros como partidarios del régimen de Batista simplemente porque tenían más éxito que sus críticos. Muchas víctimas inocentes fueron acusadas de ser espías e informantes, algunos conocidos por las víctimas, mientras otros no. Los acusaban apuntándoles con el dedo en las calles de La Habana y provincias. Algunos recibieron disparos en el acto; algunos fueron llevados a su destino final por una multitud enojada / alegre.

Las víctimas, ciudadanos cubanos cuyo único crimen fue la oposición a los despiadados líderes comunistas, Fidel Castro y Raúl Castro, fueron golpeados y burlados. Los verdaderos batistianos fueron rápidamente "juzgados" y asesinados por un pelotón de fusilamiento, o paredón, y luego arrojados a pozos excavados cerca de Santiago de Cuba, La Habana y cientos de pueblos en toda la isla. Afortunadamente, no fui testigo de este trágico comportamiento humano. Fue el comienzo de nuestro éxodo nacional; ya más de sesenta años continuos, y todavía en marcha.

Lo primero que hizo Castro, al llegar al poder, además de mantener un habano cubano en la boca, fue expropiar la mayoría de las empresas privadas y propiedades privadas--- incluidas las propiedades estadounidenses--- y las pertenencias de quienes salían o estaban a punto de salir del país, perdiendo inmediatamente sus empleos cuando anunciaban su intención de irse. Etiquetados como traidores de la Revolución, rápidamente se convirtieron en persona-non-grata para todos los que los conocieron. A partir de ese momento, su familia y amigos fueron observados de cerca en busca de signos de comportamiento antirrevolucionario.

Comenzaron a formarse Comités de Barrios. Estos grupos de "chivato" (informantes) fueron instruidos para observar y reportar cada comentario o acción sospechosa de vecinos, amigos y familiares, convirtiéndose en los ojos y oídos del gobierno. La diversidad de opiniones y la envidia se convirtieron en desencadenantes comunes para el comportamiento perjudicial, calificando a aquellos que, solo recientemente, habían sido exaltados y adulados. Establecidos el 28 de septiembre de 1960, se convirtieron en una temida pero necesaria institución gubernamental--- activo tangible para la inspección y administración de los métodos de control ciudadano--- con el lema: *"En cada barrio,* Revolución". A los CDR también se les asignó, entre otras cosas, la responsabilidad de mantener el vecindario limpio y organizado, una tarea destinada a facilitar la recopilación de información de "seguridad nacional" y reunir a la gente para viajar en autobuses hacia y desde los mítines de Fidel para escuchar y aplaudir "voluntariamente" discursos de propaganda que duraban horas y horas.

Castro había efectivamente --- para garantizar la subsistencia del sistema--- convertido a la población cubana en mosquitos: algunos, considerados lo suficientemente dañinos como para propagar un virus como el Nilo Occidental, el dengue y el Zika--- comportamientos contrarrevolucionarios que podrían conducir a la desaparición de su gobierno---mientras que otros, se convirtieron en una molestia, que pican a las personas sin propagar el peligro y la interrupción del sistema del nuevo orden. El régimen ahora controlaría todas las necesidades básicas, incluyendo alimentos, visitantes, conversaciones, compras de materiales, hábitats residenciales y actividades profesionales. Se instalaron cámaras humanas (vigilantes) en cada esquina para la vigilancia ciudadana.

Entonces, más que nunca, las larvas humanas---el pueblo cubano--- se convirtieron en víctimas de todos los miembros de una organización de inteligencia dirigida por los hermanos Castro, quienes dirigieron personalmente las actividades de todos y cada uno de los ciudadanos como si fueran enemigos de la Revolución---culpables antes de demostrar su inocencia--- un castigo autoinfligido que penalizó a su propio pueblo que, a lo largo de los años, se convertirían en sus peores enemigos.

En 1961, Fidel declaró: "Los niños cubanos son propiedad del gobierno". La "Operación Peter Pan" fue un éxodo masivo clandestino de más de 14,000 menores cubanos no acompañados por sus padres, de seis a dieciocho años, a los Estados Unidos durante un período de dos años de 1960 a 1962, organizado por el Padre Bryan O. Walsh, de la Oficina Católica de Bienestar. Los niños fueron enviados fuera del país por sus padres, alarmados por los rumores que circulaban entre las familias cubanas de que el nuevo gobierno, bajo Fidel Castro, planeaba terminar con los derechos de los padres y colocar a los menores en centros de adoctrinamiento comunista. La operación fue el mayor éxodo masivo de refugiados menores en el hemisferio occidental en ese momento.

Batista no era un ángel. Muchos exiliados cubanos creen que él fue causa y efecto de nuestro horrible destino. He escuchado a docenas de amigos personales, vecinos, compañeros de trabajo y extraños opinar que "no habría Castro si no fuera por Batista". Estoy de acuerdo con eso, hasta cierto punto, y acepto la responsabilidad en nombre de mi familia. Cuando era niño y luego como adulto, fui testigo de múltiples consecuencias indeseables de las desafortunadas acciones de Batista que, ahora, atribuyo directamente a políticas equivocadas que emanan de su gobierno.

Al llegar a los Estados Unidos el primer día del año 1959, no sabía que mi casa estaba siendo saqueada por vecinos, amigos y otros. Era difícil de ver con ojos de búho, y nadie parecía ser un águila, pero todos a mi alrededor perseveraron, trabajaron duro, proporcionaron seguridad y comodidad, indujeron y apoyaron el progreso, e intentaron, con éxito en su mayor parte, fortalecer los valores cristianos. El nuevo entorno exigía cambios, y el camino hacia el éxito definía la asimilación. "Cuando estés en Roma, actúa como un romano". Me sentí protegido y seguro, exento del miedo a medida que nos acercábamos a un nuevo comienzo.

Después de que los García y los Piedra emigraron a los Estados Unidos, experimentamos contorsiones específicas de la vida pública y privada, aceptando trabajos ocasionales con bajos salarios, trabajos para sobrevivir, que pagaran lo necesario para la comida en la mesa y un techo sobre la cabeza. Muchos profesionales y personas acomodadas trabajaron en hoteles como operadores de ascensores, chicos de playa, conductores de valet parking, trabajadores en líneas de fábrica, niñeras y sirvientas, limpiando casas pertenecientes a otros.

Landín siguió siendo un aliado político leal de Batista, apareciendo para los exiliados políticos--- en su mayoría agentes anticastristas--- a través de acciones, conciencia y empatía mientras proporcionaba sustento financiero a los partidarios de Batista y sus familias. La mayoría de los exiliados cubanos continuaron haciendo lo mismo--- proporcionar ayuda necesaria a algunos familiares y amigos, tanto dentro como fuera de la isla, durante los próximos sesenta y dos años y ciento cincuenta días (veintidós mil setecientos ochenta días, contando hasta el 1 de junio de 2021). Nota: Esta traducción al español se esta llevando a cabo en Marzo, 2023, y aun todo sigue igual.

Del mismo modo, el deber de papá se cumplió, tanto en Miami---regalando alimentos y artículos de limpieza para el hogar en Jomares Market, su tienda de comestibles Wynwood (1959 – 1963), como en Madrid---maniobrando políticamente para ayudar exiliar a los cubanos en Madrid (1963 – 1967) a los Estados Unidos, su destino previsto y deseado. Oscar Piedra, trabajó en los muelles del Puerto de Miami moviendo mercancías; Papi, limpiaba casas y hacía trabajos de construcción; Tito, trabajó como personal de mantenimiento en el Jackson Memorial Hospital; y Tata, se mudó a Puerto Rico. Chirrino, se unió a la Brigada 2506, o Frente Revolucionario Democrático (DRF), dando su vida por su hogar y país. De las cinco mujeres de Piedra, Ondina, estudió a nivel universitario, incorporándose a la fuerza laboral como farmacéutica (Jackson Memorial Hospital) y consejera escolar (Miami Senior High School), Ofelia, Olivia, Oraida y Osilia, se quedaron en casa para cuidar de sus hogares.

Según Jorge Duany, entre algunos de los muchos desafíos que enfrenta nuestra "identidad cultural híbrida" que mantiene vínculos transnacionales con la patria y con el país adoptivo, las imágenes estereotipadas de la población cubana en los Estados Unidos, así como de otros inmigrantes recientes en los Estados Unidos y el éxito material de otros lugares, tienen poca base en el perfil de la investigación académica como "retratos" de la diáspora cubana y, debe tener en cuenta su diversidad socioeconómica, complejidad histórica y dispersión física. [4]

Dios--- Entonces, Orlando, volviendo a la historia de tu infancia. Tu familia estaba bien conectada. Todos ustedes disfrutaron de un alto nivel de vida. Las cosas te fueron bien hasta que no lo hicieron. Ahora, después de la retórica política y la historia cubana reciente revisada, comienza a decir la verdad sobre ti. Ya hemos escuchado suficiente sobre Cuba.

Orlando--- Fue difícil para mí.

EXILIO
Parte 5

Adolescente estadounidense

(1959 - 1962)

Capítulo 20
Regreso a la Escuela Graham Eckes

Como éramos exiliados políticos, nuestros regalos del Día de Reyes eran diferentes.

Humberto y yo ya no éramos considerados ni percibidos como de clase alta, de una familia privilegiada. Ahora, éramos víctimas de nuestra "trampa de lujo", acostumbrados a un trato especial y reverencia, con acceso diario a nuestra atmósfera de club privado y vistos como niños privilegiados, tristemente habíamos ganado la necesidad de poseer esos privilegios para siempre.

Solo había seis o siete estudiantes nacidos en Cuba en Graham-Eckes: esto nos permitió pasar más tiempo con niños estadounidenses que no hablaban español. Aunque nos ofreció la oportunidad de fortalecer las habilidades de inglés hablado aprendidas en los cuatro meses de verano anteriores en Culver, y el semestre de otoño anterior en Graham Eckes, también significó someternos al ridículo ocasionalmente.

Los domingos, el profesor de español y su esposa nos llevaban a nosotros y a otros niños católicos a misa en un autobús amarillo de la escuela pública, tal vez para camuflar nuestra imagen de niño rico en una escuela privada, o tal vez, simplemente la alquilaron por falta de tener una.

El plan de estudios social de la escuela incluía cotillones todos los viernes por la noche, con una cena de gala seguida de un baile de gala. Los chicos lucían un esmoquin negro, y las chicas, vestidos de cóctel. Con la intención de enseñar a los estudiantes cómo servir una cena formal, de acuerdo con las diversas tradiciones culturales (según lo mantenido por el maestro del país de origen sentado en la cabecera de la mesa), a cada estudiante se le asignó una mesa específica durante una semana. Esta tradición me atrajo cuando leí por primera vez el folleto de la escuela, ciego al momento más extraño que experimentaría en Graham-Eckes, el día más vergonzoso de mi vida, el 6 de febrero de 1959.

Casualmente, tres días antes, el martes 3 de febrero, los *roqueros* Buddy Holly---"*Peggy Sue*" y "*That'll Be The Day*", Ritchie Valens---"*Oh Donna*" y "*La Bamba*", y J.P. Richardson alias The Big Bopper---"*Chantilly Lace*"--- murieron en un accidente aéreo cerca de Clear Lake, Iowa. Ese día ha sido inmortalizado como "el día en que murió la música", un concepto que ha tenido mucho significado en *mi* vida.

Un cotillón se celebró ese primer viernes de febrero de 1959, un mes y una semana después de nuestra fuga de La Habana--- el día en que murió *mi* música. Me asignaron a la mesa del profesor de alemán. A menudo había visto películas de nazis asesinando judíos durante la Segunda Guerra Mundial, es decir, el Holocausto, así que estaba aterrorizado. Cada mesa ofrecía asientos para ocho a diez personas. Primero, usted sirve al cónyuge del maestro, luego a su invitado (si lo hay), seguido por el maestro y, por último, a los estudiantes.

Todo salió bien con la primera parte de la cena de tres platos. No metí la pata sirviendo los entremeses. Era una ensalada fría. Sin embargo, el plato principal fue steak au poivre. Según el famoso especialista francés en carnes Francis Marie, el steak au poivre se originó en el siglo XIX en los bistrós de Normandía, donde figuras notables llevaban a sus compañeras a cenar tarde, y donde las supuestas propiedades afrodisíacas de la pimienta pueden haber resultado más útiles. Los franceses se han ganado la reputación de ser sexys.

Según recuerdo, estábamos sirviendo al estilo francés (service a la Francoise), donde toda la comida (o al menos varios platos) se saca simultáneamente, en una impresionante exhibición de platos de servicio. Los comensales ponen la comida en sus platos solos mientras el camarero sostiene la bandeja. Cada cena se sirve desde el lado izquierdo. Estaba nervioso y por error llevé la bandeja de filetes al lado izquierdo del maestro, en lugar de servir primero a su esposa. Me miró con una actitud algo amenazante y hablando con acento alemán exclamó: "¡Sirve a mi esposa primero, por favor!"

Luché con mi voz ronca para disculparme por mi error, cuando comencé a acercarme a ella, sentada a su derecha. Mucho más joven que él, era rubia, de unos dieciocho años, provocativa y sorprendentemente hermosa; vestida con encaje blanco, con un escote en V de corte profundo que exponía grandes y deliciosos pechos, lucia despampanante. Sus ojos verdes sensualmente caídos, aparecía algo penosa; no pude apartar mis ojos de su costura, por mucho que lo intenté, olvidando exactamente a dónde se suponía que debía ir a continuación. Estaba lleno de lujuria y deseo. Tenía doce años.

Armado con intenciones supremas, tratando de hacer todo lo posible para cumplir con mi deber correctamente, rodeé al profesor alemán girando a mi derecha mientras miraba los pechos de su pareja, ahora a la vista de sus pezones desde atrás, presenté la bandeja desde su derecha en lugar de su izquierda.

Esta vez mi maestro fue implacable, acariciando severamente un puño sobre la mesa mientras murmuraba "desde la izquierda", lo que inmediatamente provocó pánico en mí.

Dejé caer todos los filetes sobre su pecho y vientre, la bandeja de plata esterlina ahora vacía golpeando ruidosamente el suelo; y hui del edificio principal, corriendo todo el camino atravesando la carretera hasta el cobertizo para botes cerca de la vía navegable interior (*El Lago*). Me escondí entre dos veleros--- déjà vu mi experiencia en Culver al mojarme los pantalones--- retorciéndome con un fuerte dolor abdominal durante aproximadamente dos horas hasta que el personal me encontró y me llevó de regreso al campus principal al otro lado de la carretera. Pasé el resto de la noche esperando a que mis padres llegaran de Miami.

El fantasma de mamá--- La escuela me llamó para obtener permiso para una apendicectomía.
Orlando--- Sí, mamá, el diagnóstico fue dado por la enfermera de la escuela basado en mi dolor de vientre realmente fuerte.

No tenía apendicitis, como se me diagnosticó, sino un ataque severo de cólicos debido al estrés incontrolado y la ansiedad causada por el incidente de la cena.

El fantasma de papá--- Tu madre y yo manejamos desde Miami esa noche, llegamos a Palm Beach al día siguiente y regresamos a casa al día siguiente.

Para muchos, los años de la adolescencia son los mejores años de su vida, pero para algunos, son los peores.

Orlando--- Uno puede asumir responsabilidades adultas, pero aun así actuar como un niño.
El fantasma de Humberto--- Esa es tu percepción. ¿Cuánto tiempo esperabas seguir siendo irresponsablemente infantil?

Durante las siguientes dos o tres semanas, los estudiantes que habían presenciado el fiasco se burlaron de mí. Pensé que el ridículo nunca terminaría, pero lo hizo.

* * * * *

Cuando dejamos nuestra adolescencia y continuamos hasta la edad adulta, hubo algunas lecciones valiosas que aprendí de mis años difíciles mientras estaba en la Escuela Graham-Eckes.

Aprendí que la vida no es justa. **Las circunstancias son impulsadas por la conveniencia de otra persona.** En una de las galas formales, después de una presentación personal de la propia Dra. Graham--- con instrucciones para ser la guía y escolta de la joven--- me ofrecieron una compañera inesperada de quien podía hacerme amigo e impresionar con temas que me eran familiares: carreras de motocicletas en Barlovento, boxeo en Culver, deportes en Miramar Yacht Club y otras actividades que le eran ajenas. Priscilla Allison, una millonaria Virginiana que visitó Palm Beach durante la temporada de invierno con su abuela, amiga cercana del Dr. Graham, se convirtió en mi segundo enamoramiento. Compartimos solo tres noches de viernes en las galas, donde llevaba un vestido de noche largo adornado con joyas y un sombrero de Pamela, muy Palm Beach. Después de la cuarta semana, ella y su abuela regresaron a Virginia, y nunca nos volvimos a ver. Para mí, una oportunidad perdida de llevar una glamorosa vida millonaria apoyando mi habitual trampa de lujo, un sentimiento falso ya que no pertenecía a ese mundo.

También aprendí que **la familia importa más que los amigos.** Los lazos de sangre unen un sentido de pertenencia. El amor familiar es razonablemente más fuerte que el amor de amistad. La mayoría de las personas no se dan cuenta del valor de la familia y ponen más interés y fe en los compañeros que en los padres. Comprender la diferencia entre los lazos de sangre y, a veces, las relaciones fugaces pueden salvar a muchos del peligro inminente que llega en formas veladas.

Perder a Priscilla no fue particularmente significativo, ya que rápidamente olvidé que alguna vez se cruzó en mi camino. Sus sentimientos eran probablemente idénticos. Más concretamente, mis "amigos" cubanos de dos caras demostraron ser volubles. Antes de las vacaciones de Navidad, compartimos un vínculo cultural que acortó las barreras sociales y permitió que florecieran las interacciones personales. Fuimos significativos el uno para el otro por un tiempo, y de repente no lo fuimos. El resto del año se sintió extraño, ya que nos aislamos progresivamente del grupo hispano, una vez que se enteraron de que ya no éramos del mismo estatus social.

Aprendí que **tanto la familia como los amigos te tratan de la manera en que te tratas a ti mismo, no a ellos.** Tanto como pude, intuitivamente me mantuve bien. No creo que siempre haya tenido el control de lo que hacía o pensaba, pero traté de aprovechar los beneficios ofrecidos en la escuela, y noté que mis interacciones con otros estudiantes mejoraron con el tiempo. Vi esos años como una oportunidad para aprender, mostrar a los demás quién era y que resultaría ser---quién y en qué me convertiría. Disfruté de todas las comidas, especialmente el desayuno--- la bandeja de veinticuatro huevos fritos que llegaba a cada mesa cada mañana, era alucinante. Con frecuencia comía cinco o seis de los veinticuatro con sémola y tocino. Participé en todos los deportes---karate, tenis, natación, vela y juegos de mesa---mi favorito era el ajedrez--- y ocasionalmente miraba las estrellas a través de un potente telescopio, propiedad de un amigo. Él y yo lo montábamos en el área de las canchas de tenis. Me encantó ponerme en contacto con el universo. Me sentí amado y apreciado y sé que algunos otros notaron que el niño de Cuba no solo sobrevivía, sino que también hacía amigos y lograba metas.

Mirar hacia atrás en los años transcurridos, como lo hacen los adultos mayores, a menudo trae la sensación de no haber hecho lo suficiente para lograr una vida mejor más adelante. Pasé demasiado tiempo lamentando mi separación de mamá y papá, mi casa y juguetes, mis perros y amigos en el Club Náutico Miramar y todo lo demás que disfruté en La Habana.

Sabía que el sacrificio valdría la pena, así que estudié mucho y jugué duro mientras miraba hacia el futuro. Después de la escuela secundaria en Miami, nos mudamos a España para que Humberto y yo pudiéramos asistir a la escuela de medicina, luego, practiqué medicina en los Estados Unidos y crie una familia saludable.

Aprendí que **las cosas no importan tanto, o importan mucho, dependiendo de las circunstancias personales.** Las posesiones terrenales son materias primas que te ayudan a moverte de un lugar a otro. Quería "cosas" porque había oído que las quería o las necesitaba para mi felicidad. En contraste con una necesidad percibida de cosas, era sensible a un hombre sin hogar que dormía en los escalones de entrada a la iglesia católica a la que asistía. Pensar en lo poco apto para vivir, en lo triste y angustiado que se veía esta persona, carente de cosas esenciales, ropa adecuada, un automóvil, un hogar al que ir y una familia que mantener, fortaleció mi convicción de que es mejor compartir lo que posees. Con mucho menos que yo, puede haber disfrutado de la espiritualidad que me faltaba, sin molestarme por el estatus social y económico tenso. Nunca detecté envidia o animosidad en este hombre. Sentí que era más independiente que yo. Pero yo no quería ser él.

Aprendí que **la mañana sigue incluso a la noche más larga. Dios tiene un plan para ti.** No importa cuán oscuro se vea en este momento, mejorará con el tiempo. La paciencia y la esperanza lo harán realidad. Las muchas noches que pasé solo mirando al techo mientras estaba acostada en la cama, soñando que pronto estaría en casa, resultaron ser peores al día siguiente. Esas noches estrelladas, cuando salíamos a las canchas de tenis para mirar la galaxia y los planetas a través del telescopio de mi amigo, me ayudaron a comprender la pequeñez de nuestra existencia y el poder del universo. Ayudó a mi animosidad y me levantó el ánimo.

Aprendí que **la felicidad es una elección y requiere mucho trabajo duro.** Aprendí a mirarme en el espejo y a estar agradecido por mis bendiciones. La percepción no es algo que obtuve de otros, pero es algo que experimenté desde dentro. Mi realidad estaba mayormente en sintonía con mis expectativas, ya que seguí con la vida en la escuela un día tras otro. Estaba seguro de que no pertenecía. Estaba feliz el día que me fui. Extrañaba mi hogar y no podía hacer conocidos lo suficientemente buenos como para desear quedarme otro año. Pero pasé la mayor parte de mi tiempo allí disfrutando de nuevos desafíos, conocidos y lugares que visitamos. Aunque alcanzar la felicidad es parte de lo que soy, su presencia es a menudo circunstancial y contextual, desencadenada por nuestra decisión consciente de mirar las cosas con una luz brillante.

"Nada funcionará a menos que tú lo hagas".
—Maya Angelou

Y, finalmente, aprendí que **el tiempo es nuestro mayor activo.** Cuando por fin aprendí esto, traté de no perder el tiempo preocupándome por el pasado o el futuro. Pensé: "Está pasando en este segundo, así que agárralo ahora". Nunca soñé que mi tiempo en la escuela iría tan rápido. Me sentí afortunado de haber vivido experiencias al alcance de unos pocos privilegiados. Vivir en el momento, o ahora, significaba ser consciente, atento y experimentar el presente con todos mis sentidos. Tengo que admitir que me metía en estados de ánimo "deprimidos" cada vez que me sentía solo, pero nunca estaba solo, ni tenía pocas oportunidades para divertirme y jugar. Por lo general, disfrutaba de mi tiempo, ya sea solo o en compañía de alguien. Estaba feliz. Regresaba a casa en Miami.

Capítulo 21
Flamingo Park

Seis meses después de llegar a los Estados Unidos, mis padres, mi hermana y la abuela Esperanza vivían en un apartamento alquilado en Meridian Avenue y Dade Boulevard, en Miami Beach. Humberto y yo vivíamos en Graham-Eckes, en Palm Beach, a dos horas al norte de Miami. En el verano de 1959, papá alquiló una casa en Española Way y Meridian Avenue, sombreada por viejos robles con dosel que oscurecían pacíficamente cada acera y el bulevar. La casa estaba respaldada por Flamingo Park, una enorme instalación deportiva que ofrece dieciséis canchas de tenis de arcilla y una piscina olímpica.

Habíamos llegado a casa.

Mamá--- *Vamos niños, ya llegamos. Cojan sus cosas, y ayuden a su padre con el equipaje.*
Orlando--- *Sí, Mamá.*
Humberto--- *No, Gallego, tú cuida a Ana María, yo me encargo de ayudar a Papá.*

Flamingo Park estaba a un salto de la alambrada de nuestro patio trasero. Estaba atónito, lleno de asombro, agradecido por la oportunidad de jugar y participar en los deportes de competición que se ofrecían en el parque. Durante el próximo año, nuestras vidas ---la de Humberto y la mía--- estarían pegadas al parque. No habría día ni noche cuando el parque estuviera ausente de la lista de posibilidades al discutir los eventos del día.

Ana María, de tres años, se quedaba en casa con la abuela Esperanza y mamá, era demasiado joven para el jardín de infantes. Ella era la alegría de la familia. Mamá ocasionalmente la llevaba al parque y a veces disfrutaba de la piscina para niños.

Nos matriculamos en octavo grado en Eli Fischer Middle School, en la 1424 Drexel Avenue, a tres cuadras de nuestra casa. Tenía trece años. Mientras tanto, papá estaba ocupado buscando oportunidades de negocios.

El fantasma de papá--- *Una vez más, tuvimos la libertad de perseguir un ethos nacional fuera de Cuba, en los Estados Unidos, que reflejaba un conjunto de ideales--- democracia, derechos humanos, libertad personal, oportunidad e igualdad--- en los que floreció la libertad. ¡De nuevo libres!*

Mientras papá recargaba sus baterías en apoyo de la movilidad social ascendente para la familia y los niños, Humberto y yo nos mantuvimos exentos de sentir la presión de un presupuesto ajustado. Tanto mamá como papá pulieron sus habilidades en inglés mientras mamá vigilaba a la abuela Rita, sus hermanos y sus hermanas. Landín todavía estaba en la República Dominicana vigilando al presidente. Tata se mudó a Puerto Rico con su esposa y sus dos hijos, y Osilia también se mudó allí con su esposo, Gustavo, y sus hijos. Chirrino se unió a un grupo militar mercenario anticastrista secreto respaldado por la CIA llamado Brigada 2506 y comenzó a entrenar para la fallida invasión de Bahía de Cochinos a Cuba el 17 de abril de 1961. Su avión sería derribado durante el esfuerzo de liberación. La abuela Rita, así como la familia Piedra, nunca perdonaron al presidente John F. Kennedy por su cobarde abandono de nuestros patriotas cubanos.

Flamingo Park

Mamá se ocupó de acomodarnos a todos.

Fue un trabajo desafiante en una sociedad extraña, trazando las metas, esperanzas y sueños de mis padres, tíos, tías y primos.

La increíble comunidad judía y el dinero de sus impuestos pagaron por el paraíso. En aquel entonces, cuando mi corazón era puro y mi mente estaba limpia (hasta cierto punto), tuve el privilegio de participar en una experiencia espiritual increíble. Todas las tardes al atardecer, a la sombra bajo un gran roble y una enorme poinciana real extravagante de color rojo anaranjado, junto a las canchas de balonmano, se reunían un par de docenas de ancianos judíos asquenazíes de Europa del Este, ocupando un área equivalente a aproximadamente 1200 pies cuadrados.

Llevaban sus propias sillas de aluminio dobladas de casa al parque y de regreso; las mismas sillas en las que solían sentarse en la playa para tomar el sol todas las mañanas. Se reunían para hablar, en yiddish, su idioma tradicional, sobre las horribles experiencias como sobrevivientes del Holocausto, conmemorando a amigos y familiares víctimas del Tercer Reich. Yo no hablaba para ese entonces, ni ahora, yiddish, pero vi su dolor, escuché sus voces roncas e imaginé su dolor. Esas personas encantadoras, llenas de sabiduría con mucho carácter, con presupuestos muy ajustados, con un millón de millas de dificultades, ahora en la sala de espera del Cielo, jugaron un papel clave en lo que Miami Beach es hoy.

Su esperanza, así como la nuestra, de una vida mejor y más pacífica se convirtió en el objetivo a alcanzar. Ambos lo habíamos logrado, seguro por fin, libre de criminalidad y asesinato.

Para mí, un adolescente que no sabía nada tratando de descubrir mi nuevo mundo, parecía que todos sufrían de alguna enfermedad de la piel, una miríada de arrugas secas que rodeaban cuerpos viejos y delgados. Todo estaba relacionado con la exposición crónica al sol durante horas, día tras día. Todos los que viven aquí hoy hablan español, incluso más que inglés.

Extraño la vieja sensación de South Beach, y el yiddish permanece en mi memoria y corazón como parte de mí. Ya no veo a esos viejos judíos, pero todavía puedo escucharlos y verlos a través de mi imaginación cuando visito Flamingo Park.

Jugamos béisbol de las Pequeñas Ligas (Little League) en el parque para equipos patrocinados por empresas locales: Pumpernik's, Rascal House, Wolfie's, Chris Dundee y otros. Skip Bertman--- de la fama de LSU--- fue el mejor entrenador de béisbol en el programa. También entrenó a la liga de ponis.

Humberto y yo caminábamos hacia el campo de béisbol, con nuestros guantes y bates y un par de pelotas, buscando amigos con quienes jugar; Al no encontrar ninguno, practicábamos lanzar y atrapar la pelota juntos. Durante la temporada, practicamos diariamente, al igual que en Miramar Yacht Club.

Comenzábamos a sentirnos como en casa de nuevo.

Capítulo 22
Miami Beach Senior High School

En el verano de 1960, nos mudamos de Española Way a 2395 North Meridian Avenue. Era un colonial español de dos pisos en un lote doble con un garaje para un automóvil. La entrada era un pasillo largo y cubierto que conducía a la puerta principal. A dos cuadras de distancia estaba la nueva Miami Beach Senior High School (MBSHS)--- mis padres siempre encontraban una casa a poca distancia de la escuela--- ubicada en la esquina de Prairie Avenue y Dade Boulevard. Acababa de abrir sus puertas a los residentes de Miami Beach. Ambos nos inscribimos en noveno grado. La nuestra, la clase de 1963 fue la primera clase en graduarse. Viviendo tan cerca, Humberto y yo caminábamos a clase todos los días.

La nueva instalación presentó una maravillosa oportunidad para hacer nuevos amigos, experimentar desafíos nunca vistos y mezclarse con adolescentes estadounidenses. Mi deseo de ser uno de ellos se recargaba a medida que me hacía más independiente. Algunas prácticas deportivas se llevaron a cabo en los terrenos de la escuela: fútbol y baloncesto. Otras se llevaron a cabo en Flamingo Park: tenis, atletismo y natación.

Tanto Humberto como yo nos involucramos con casi todos los deportes, pero solo él tenía la consistencia de asistir a cada práctica. Participó competitivamente en varios deportes, ganando reconocimiento - letras en tela significativas de la escuela (MBSHS), el parque (FP), y/o anunciando negocios patrocinadores por cuenta de varios deportes. Yo, en cambio, ninguno. Me encantaba competir, incluso adoraba el desafío, pero sin interés alguno de lucro. Mi felicidad venia de más adentro, o por lo menos así pensaba.

Un día típico en la escuela comenzaba con el período de información general que duraba quince minutos. Luego, todos iban a la primera clase, luego a la segunda, y así sucesivamente, hasta haber asistido a siete clases. Los períodos de descanso estaban destinados a socializar. Se fumaba mucho tabaco, pero no drogas, incluida la marihuana.

En ese momento, sufrí un caso severo de acné, que afectó mi autoimagen de manera significativa. Perdí mi capacidad de mirar a una niña o un niño a los ojos, apartando mi mirada de ellos en el momento en que sentía que me miraban a la cara. Coexistiendo con otras crisis de identidad y enamoramientos románticos, esta pobre autoimagen convirtió mi vida en un torbellino de experiencias diarias "alucinantes".

Proyecté en mí los atributos idealizados de otra persona y admiré los valores que deseaba poseer. Esos fuertes sentimientos positivos de ser querido y ser como esos otros estudiantes identificados como modelos a seguir, jugaron con la imagen perfectamente maravillosa que creé.

Esta nueva actitud desencadenó nuevos sueños y esperanzas que tenían más que ver con la fantasía que con la realidad, contando mucho más sobre el admirador (yo) que sobre el admirado (ellos). Debido a que la mayoría de los sentimientos fantaseados resultaron poco realistas, desvaneciéndose en un tiempo relativamente corto, estos enamoramientos pronto desaparecieron y murieron. Pero el daño causado por mi camuflaje expuesto hizo mella, y afectó mi personalidad.

Supongo que mi madre sabía e intentó modular mi montaña rusa de labilidad de identidad, pero falló- fuerzas externas le ganaron la pelea por lo que iba a ser de mí. Ella sintió mi transformación en alguien a quien admiraba, quería convertirme o estaba ansioso por imitar y seguir. Era poco lo que podía hacer para evitar que fuera víctima de los cambios generacionales provocados por la presión de grupo.

Estaba cambiando de la persona para la que había sido criado al nuevo "yo", más parecido a aquellos que quería emular. Estaba siendo "absorbido", asimilado y definido para siempre como cualquier niño estadounidense, tal como lo soñé.

Nos mezclamos bien con otros estudiantes en la escuela. Mis amigos no eran los mismos que los de mi hermano. Mi público era menos agresivo y exigente, no tan impulsado por proyectos en toda la escuela. Los clubes académicos voluntarios de idiomas (el español fue el más grande), inglés, matemáticas, historia y gobierno, además de otras materias en ciencias y artes, compitieron por el interés de los estudiantes en clubes sociales y deportes. Pertenecía al club español, al club francés y al club de debate.

Comenzaron a formarse grupos sociales, algunos limitados por el estatus financiero, otros por la participación deportiva, algunos buscando pertenecer a un nivel social más alto donde la popularidad prevalecía a medida que se mostraban los atributos individuales que les permitía brillar entre el resto. Los deportistas salían con reinas de belleza que competían por puestos de porristas- bailarinas gimnastas, y compañeras para socializar, ir a fiestas, y pasar un buen rato. Los nerds se mantuvieron alejados de ellos, mientras que los gays se mezclaron entre las celebridades y los estudiosos.

Salimos mucho, con personas que podía que acabáramos de conocer ayer. Algunos, como yo, se apegaron temprano a una pareja que eventualmente se convirtió en nuestra novia o novio. Festejábamos en bailes, en salones públicos todos los viernes y sábados por la noche.

No hubo estudiantes negros en MBSHS durante la mayor parte de mi tiempo allí. La escuela se integró en 1961-62, un año antes de mi graduación. Los dos primeros afroamericanos, un término descriptivo no utilizado durante los años sesenta, un niño y una niña se comportaron muy bien y parecían estar asustados. Había diez mil millones de razones para que lo estuvieran. Pero no siendo negro o moreno, ¿cómo se suponía que debía ser sensible al dolor y la angustia de siglos de abuso sufrido todos los días por los negros en Estados Unidos?

No sé sobre mi hermano, sus sentimientos generalmente no están claros con respecto al tema de la raza, pero me sentí desconcertado y preocupado. ¿Cómo podría existir una situación como esta, obviamente racista, en una sociedad liberal líder en libertad, derechos humanos y democracia?

Ninguna visión presenta suficiente transparencia para aceptar la realidad de dos mundos. La Salle en Cuba y Beach High en los Estados Unidos estaban segregadas, y, hoy, veo que eso no está bien; no lo estuvo entonces, cuando sentí lo contrario, con la advertencia de la diferencia cultural.

Históricamente, ambos países se aprovecharon de la esclavitud, si eras blanco--- y lo aborrecían, si eras negro. Los mulatos vivían en Cuba, el Caribe y Brasil en su mayor parte. Había muchos más mulatos en Cuba (treinta a cincuenta por ciento de la población) que en el sur de la Florida; ni uno en Miami Beach, a menos que sea empleado por el turismo.

¡Ajá! Algunos estadounidenses no mezclaron razas, sino que intimidaron a mexicanos, centroamericanos y sudamericanos e inmigrantes de las islas del Caribe, África y Asia. Algunos estadounidenses sentían que no éramos iguales a ellos, que eran "superiores". Me pregunté, ¿por qué no vi esto antes mientras estaba inmerso en la segregación de Culver y Graham-Eckes?

Esta actitud prejuiciosa parecía información nueva, pero no era nueva para mí. Había experimentado ese distanciamiento social no inclusivo en Cuba, tanto en la escuela como en el club náutico. Tal vez era demasiado joven para decirlo.

Por otro lado, muchos vecinos, maestros, conocidos jóvenes y viejos, entrenadores y extraños nos abrieron sus corazones e insistieron en ayudarnos a sentirnos bienvenidos en los Estados Unidos. Hice nuevos amigos de comunidades cubanas y judías, en su mayoría blancas. La participación deportiva proporcionó la salida para cambiar el enfoque de lo negativo a lo positivo.

El boxeo era el único deporte que no podía abandonar mientras lo veía en la televisión o en el gimnasio de la Calle Quinta. Solo boxeé competitivamente en el campamento de verano de la Academia Militar de Culver y me divertí mucho haciéndolo. Seguí esos concursos de cerca, primero viendo al "Bombardero Marrón", Joe Louis, Campeón Mundial de Peso Pesado de 1937 a 1949, y luego a Rocky Marciano, el único campeón de peso pesado que terminó su carrera invicto, sosteniendo el título mundial de peso pesado de 1952 a 1956. Louis se veía increíble en los combates televisados desde el Madison Square Garden. Victorioso en veinticinco defensas consecutivas del título, derribando oponentes con su característico gancho izquierdo al hígado, el Bombardero parecía imbatible.

Sin embargo, "el más grande", el "más hermoso" y el boxeador más impactante en ese momento fue Cassius Clay. Ese era su nombre cuando lo conocí en Reisler Bro. Sport Shop en la 1671 Alton Road en Miami Beach durante el entrenamiento para los Juegos Olímpicos de Roma 1960. Mientras hojeaba mercancía deportiva en los estantes, el Sr. Reisler me animó a "salir a conocer al futuro Campeón Mundial de Peso Pesado". Cuando doblé la esquina al final del pasillo, allí estaba él, un hombre negro alto y larguirucho, arrogante y sonriente, que parecía demasiado delgado para ganar una corona de peso pesado; pero no le dije, "para que no se sintiera mal", cuando extendió su mano para estrechar la mía---sonreí---decepcionado.

Orlando--- ¡Encantado de conocerte, campeón!
Clay--- Encantado de conocerte.

¡Qué oportunidad perdí de besar sus manos, los mejores puños que el mundo del deporte haya visto jamás! Ya nos habíamos mudado a España cuando ganó la corona mundial de peso pesado de Sony Liston en el Centro de Convenciones de Miami Beach el 25 de febrero de 1964. Clay ganó por nocaut técnico en el séptimo asalto cuando la esquina de Liston le impidió pelear en la ronda. Había roto el brazo de Liston y dislocado su hombro con cuarenta a cincuenta golpes golpeando su objetivo a la velocidad de la luz.

Él se convirtió en mi nuevo superhéroe.

Capítulo 23
Recuperamos a nuestros perros

Humberto / Ana María con los perros / Orlando

¿Cómo puedo describir lo indescriptible? Los milagros suceden, personas que no hemos visto en décadas cruzan nuestros caminos inesperadamente, golpeamos la lotería o encontramos el trabajo de nuestra vida. Pero la historia que estoy a punto de contarles es simplemente asombrosa, increíble y nada menos que milagrosa.

No se puede discutir la lealtad y dedicación que los perros muestran a sus dueños. Incluso se sabe que se deprimen y mueren debido al fenómeno del corazón roto, como una pareja de ancianos que están juntos la mayor parte de sus vidas. Una parte de nosotros muere cuando ellos mueren, como perder a un familiar. Este profundo sentimiento de perder a un amigo es lo que experimenté la noche que salimos de La Habana, dejando atrás a nuestros perros.

Orlando--- ¿Dónde está Goya?

Sin respuesta. Ambos, la hembra dálmata, a quien llamé Goya, y su hermano Rebert, fueron gentilmente regalados como cachorros a mi padre por el embajador brasileño en Cuba, como un gesto de agradecimiento por un favor que papá una vez le hizo. Sin saberlo, le puse el nombre del pintor español Francisco Goya, un hombre. A Rebert se le dio un nombre francés porque sonaba "genial" pero no tenía significado. A menudo los llevábamos a dar paseos, íbamos a la playa o a un parque. Les encantaba correr. Rebert era manso, de tamaño generoso, lento y torpe. Tan bondadoso y amoroso, especialmente con los niños, lo hizo especial.

Goya era inteligente, vigilante, delgada, ágil y rápida, poseía una excelente resistencia y vigor, siempre buscando la fuente de una fragancia inusual, atípica o extraña que se moviera en su dirección. Se quedaba muy quieta en la extensión de la columna cervical, sobresaliendo el hocico por encima de sus orejas. Los amigos, vecinos y familiares que nos visitaron sintieron su hostilidad, y con razón. No recuerdo que mordiera a nadie en Cuba, pero todo lo que tenía que hacer era mirarte para enviarte un mensaje claro: no te acerques más.

Mamá la alimentaba y yo la bañaba; Luis (el chofer) la llevaba a dar paseos en el Cadillac Eldorado negro de papá; y nuestro chef, Modesto, ocasionalmente se sentaba en una silla en el patio trasero cuando ella estaba allí, pero su miedo le impedía acariciarla. La noche que salimos de Cuba para siempre, abrimos una cuenta de deuda. Sé que nos extrañaron en el momento en que el ruido se detuvo cuando los autos, con nosotros en ellos, salieron de nuestra entrada de coches de la casa más bella del mejor barrio de La Habana, El Biltmore. Cuando los llame, solo hubo silencio. Cuando pregunte por ellos, me dijeron que ya pronto vendrían. Ni mi abuela, ni mi madre, ni mi padre pronunciaron una palabra más sobre mis dos perros durante los siguientes 26 meses.

Una noche tormentosa del invierno de 1961, alrededor de las ocho de la noche, dos años y dos meses después de salir de Cuba, mamá me pidió que la acompañara a los grandes almacenes Burdines, conocidos en ese momento por llevar ropa de alta gama y artículos de decoración para el hogar--- un icono de South Beach, la mejor tienda por departamentos en "la playa" situada en Lincoln Road. Al salir de nuestra casa en North Meridian Avenue, mi madre condujo su camioneta Plymouth de 1957 de color rojo caramelo hacia el sur, hacia Lincoln Road. La tienda cerraba a las nueve.

Se estaba gestando una tormenta tropical, y una fuerte lluvia caía con fuerza desde los cielos oscuros a nuestro alrededor, rociando brutalmente chorros de agua en el techo de nuestro automóvil, con fuertes ráfagas laterales que se estrellaban contra las ventanas del coche. Los alrededores apenas eran visibles, iluminados por fuertes rayos ocasionales. Mamá se detuvo en el semáforo mostrando luz roja en la esquina de Meridian Avenue y Dade Boulevard cuando otro automóvil, también una camioneta que se dirigía en la misma dirección sur, y conducido por otra mujer, se detuvo a nuestra derecha en el semáforo, con la intención de girar a la derecha, hacia el oeste.

Mamá miró al frente, volteando la cabeza hacia la carretera, elevando la mirada ligeramente hacia la luz roja. De repente, miré a mi derecha. Cuando giré la cabeza en su dirección, ví un perro en la parte trasera que miraba hacia nuestro auto. Era un dálmata.

Sorprendentemente, el perro comenzó a caminar de adelante hacia atrás en el auto de ésta señora. Era muy ruidoso dentro del auto mientras fuertes ráfagas de viento de alta velocidad lanzaban toneladas de agua que empapaban el parabrisas. Se sentía como un lavado de autos. Las ventanas delanteras se dejaron abiertas unos centímetros para evitar el empañamiento de los cristales de las ventanas y del limpiaparabrisas.

Orlando--- ¡Mira, mamá, un dálmata!
Mamá--- Sí, es delgada. ¡Qué belleza!
Orlando--- Es Goya!!!
Mamá--- *No, mi hijito, Goya está muerta.*
Orlando--- ¡Estás mintiendo! Nunca me lo dijiste. Por favor, mamá, mírala, es Goya.

Cuando la luz se puso verde, giré mi cabeza en su dirección una vez más, observando a este hermoso canino parado sobre cuatro patas, girando nuevamente la cabeza hacia nosotros mientras su auto giraba a la derecha en dirección hacia Miami. Mi madre, con lágrimas en los ojos, apretó lentamente el acelerador intencionadamente para ir derecho. Agarré el volante con fuerza y determinación, rogándole a mamá que girara a la derecha, siguiera el auto y me asegurara de que no fuera Goya.

Orlando--- ¡Mamá! ¡Sigue ese coche! ¡Gira a la derecha! ¡Es Goya! ¡Es Goya!
Mamá--- Déjalo ir, cariño. Ésa no es Goya. Murió en Cuba.
Orlando--- ¡Estás mintiendo!

Mamá--- Orlando, por favor, por favor...

Ella me suplicó.

Se dió cuenta de que no tenía otra opción. Superboy tenía un agarre brutal en el volante. Él no iba a ser negado, y ella lo entendió así. Me miró e hizo un giro a la derecha. Seguimos el auto de esa señora durante veinticinco o treinta minutos, viendo sólo sus luces traseras rojas, hasta la casa de esta mujer.

Vivía en Hialeah, una ciudad ubicada al noroeste de Miami donde muchos cubanos se mudaron en los primeros años del exilio político. La mayoría de los residentes de la ciudad eran y son cubanos, así que asumimos que esta mujer era cubana.

Cuando se detuvo en su camino de entrada, la seguimos y detuvimos nuestro auto justo detrás del suyo. Después de unos segundos, preguntándose cuándo saldría de su auto, bajo una fuerte lluvia, salió con un cepillo para el cabello en una mano y el perro con una correa en la otra, y nos gritó en español.

Mujer--- *¡Aléjense de mí! Este perro es una fiera y los matará si se acercan.*

Sin tiempo para que ella o nosotros dijera una palabra más, Goya ladró una vez y saltó hacia mí, liberándose de su dueña temporal con la correa y todo. La mujer gritó, luego se quedó en silencio, asombrada, mirando este increíble evento con la boca abierta.

Mamá hizo lo mismo con una sonrisa, las lágrimas fluían tan rápido que no podías distinguirlas de la lluvia. Aun lloviendo pesadamente, en plena tormenta tropical, ahora, en el camino de entrada de coches de la casa de la señora, en el jardín delantero, tanto la mujer como mamá vieron atónitas a un niño y su perro reunirse.

Mujer--- ¡*Ay, Dios mío!*

Deben haber estado en estado de shock al ver a Goya lamiendo mi cara--- asombradas mientras la lluvia caía sobre nosotros. En un silencio total, Dios acababa de permitirnos reclamar una parte de lo que habíamos perdido. Tanto la perra como yo, volcados en el barro junto al camino de entrada.

Todo el dolor desapareció; la pérdida del estilo de vida, el país, el trabajo, nuestra casa, los bienes, la vida familiar y el sueño de volver a casa. Ya no era necesario porque nuestro hogar había venido, viajado a nosotros, y estaba ahora en Miami.

Una madre cubana dos años después de perder su base, criando a sus tres hijos mientras cumplía el papel tradicional de esposa inmigrante en la tierra que ahora llamaba "mi país"; todo estaba bien ahora, en un momento de éxtasis y alegría.

Mamá miró en silencio, con ojos incrédulos que acababan de ver un milagro. Goya siguió lamiendo mi cara, mi boca, mis orejas, mi cabello y movió su cola con fuerza, finalmente reunida con su familia. La perra nunca olvidó nuestro olor, nuestras voces, nuestro amor. Mi madre se volteó hacia la mujer y le preguntó:

Mamá--- ¿Dónde está el macho?

La mujer aturdida, respondió:

Mujer--- Dentro de la casa.

Ahora ella sabía con certeza, ya no había dudas, ahora entendía que éramos sus padres, que no nos iríamos sin ellos. Ni siquiera trató de refutar las palabras de mi madre que siguieron:

Mamá--- *¿Cuánto le debo?*
Mujer--- *Doscientos dólares,* respondió sin dudarlo.
Mujer--- *Vuelvo enseguida.*

Sin más demora, entró en la casa a buscar a Rebert. Supongo que tenía claro que ésta era la última vez que los vería a ellos o a nosotros. Mamá sacó su chequera y le escribió un cheque por la cantidad solicitada, un valor actual equivalente a $1,700. Luego nos fuimos con los perros.

Hoy, como autor de mi memoria, testigo ante Dios, juro que nunca podría agradecerle lo suficiente a mi madre y a esa mujer por su amabilidad al permitirnos reunirnos. Metimos a ambos perros en la parte trasera de la camioneta y nos fuimos. Rebert sabía que estaba de vuelta con su familia, pero no estaba tan emocionado; con una personalidad más reservada, seguía mirándonos, sin decir una palabra, probablemente resentido por haber sido abandonado en nuestra partida, pero sabíamos lo que estaba pensando. Sabíamos lo que habría dicho: "Gracias, Dios".

Desafortunadamente, tres años después, nos mudamos a España y, nuevamente, dejamos atrás a Goya y Rebert. Esta vez, no fue una salida de emergencia; más como una urgencia para que mamá encontrara otro lugar, un lugar mejor para continuar el increíble trabajo de cada mujer que decide dar su vida por los demás. Pero esta vez, este momento en el tiempo, significaría la última vez, verdaderamente, la última vez que vería a mis perros.

Cientos de historias abarcan cinco años maravillosos en South Beach, mi nuevo paraíso, mientras Humberto y yo corríamos, nos metíamos en muchos problemas y aprendíamos a adaptarnos.

Alrededor de nuestra casa, la mayoría de los patios traseros de los vecinos cultivaban árboles de aguacate. Hermosos e indulgentes como son, nos subíamos para alcanzar las frutas y venderlas al mercado epicúreo local o al mercado Jomares de papá en Wynwood. Increíblemente coincidente, nuestro hijo menor, Javier (Javi) es el gerente general de un establecimiento de alimentos y bebidas ubicado *exactamente* en la propiedad, *la calle veinticuatro y N, Miami Avenue*, donde papá poseía y dirigía su tienda de comestibles, Jomares Market.

Estudiamos en la mejor escuela secundaria de Miami, íbamos a la playa varias veces por semana, trabajábamos como chicos de playa "beachboys" y valet en algunos hoteles cerca de Lincoln Road, asistíamos a bailes y fiestas, fútbol americano de la escuela secundaria, baloncesto, béisbol y otros juegos deportivos de equipo ... En algunos, disfrutamos de una experiencia adolescente fabulosa y sorprendente, pero nada comparado con recuperar a nuestros perros.

Y así fué, la historia de perros más increíble que conozco, ahora finalmente escrita.

Capítulo 24
Amor de cachorro

La adolescencia fue un verdadero desafío para mí. Fui elegido presidente de la Asociación Americana de Sexo sin Pareja. Sé lo mal que suena eso; era peor. Mi vida no tenía sentido a menos que estuviera codiciando a cualquier humano de dos patas pertenecientes al género femenino. Yo era el resultado lamentable de un niño inseguro que se veía a sí mismo como demasiado bajo, feo, débil y limitado por su inseguridad. Mi miedo era real. Mi acné no mejoró con la masturbación. Mi apodo, "Cara de pizza", se atascó en mi cerebro como un chicle húmedo.

No había nada malo con el sexo, pero lo más profundamente sociológico y urgente para mí en ese momento era mi necesidad de ser uno de *ellos*, de participar e integrarme plenamente en "su" mundo, de compartir una experiencia de vida con aquellos que admiraba: jóvenes, inquietos, impulsados por la naturaleza, adolescentes estadounidenses ambientalmente auténticos, y aceptados. Solo quería sentir que pertenecía. Sin embargo, sospechaba de la sabiduría de muchas costumbres y tendencias culturales que practicaban en su vida cotidiana.

No era un adolescente aburrido, socializaba y participaba en actividades escolares. Incluso me uní a una fraternidad. Pero no estaba contento. Faltaba algo vital para mi salud mental, y no era el sexo. Tomé un trabajo como chico de playa en uno de los hoteles en Collins Avenue cerca de Lincoln Road. Además de proporcionar cambio de bolsillo, me hizo sentir útil mientras me mantenía en forma y bronceado. Todo lo que necesitaba era sentirme parte de la escena adolescente estadounidense en la que oraba para "disolverme" silenciosamente en una mezcla homogénea compuesta por mí como el soluto, los niños de secundaria que admiraba, el solvente.

Las chicas eran algo para mirar, pero mis sentimientos iban más allá del miedo, llegaban al terror. La intimidación y el pánico a posibles abstracciones cobardes me mantuvieron oculto y aislado. Mis hormonas iban y venían sin control. Se formaron nuevos enamoramientos románticos y pronto se solidificaron cada vez que encontré a alguien que parecía poderosamente atractiva, con quien me sentía emocionado de estar cerca y quería pasar mucho tiempo. Era tímido para empezar a salir, hasta el verano de 1960, cuando conocí a Madeline. La vi por primera vez en un baile en Ocean Drive y la décima calle en South Beach. Ella encarnaba todo lo que yo, un adolescente latino de sangre caliente en una sociedad liberal necesitaba: *sexo*. Su presencia era estimulante, energizante, llena de hormonas y deliciosamente atractiva para mí.

Cuando estaba parada cerca de mí mientras hablaba con sus amigos o caminaba, ligeramente vestida con pantalones cortos y una cintura tres pulgadas por debajo del ombligo, estaba caliente. ¡Lujuria! Aquí vamos de nuevo. Superboy inconscientemente estaba buscando problemas, y casi los encontró. Madeline y yo nos hicimos amigas, luego amantes, y finalmente nos separamos por el destino. Fue una lucha, por decir lo menos, ya que los intentos de integrarla en nuestra familia fracasaron una y otra vez.

El fantasma de Humberto--- Gallego, me volviste loco.

El fantasma de mamá--- Yo oré para que Madeline no quedara embarazada. Nunca estaría de acuerdo con el aborto. Eras demasiado joven. Teníamos demasiados problemas. Tu hermano salvó tu piel muchas veces.

Dios--- *Éramos veinte y parió Catana.* ---un viejo dicho cubano que implica muy mala suerte.

Estuvimos en una relación de "amor de cachorro" durante la mayor parte de la escuela secundaria. Ella era de una familia de religión dividida, su madre judía y su padre católico. Tenía un hermano menor al que llamábamos Nature Boy (apodado por mi madre) y Little Tarzan (apodado por mí) debido a su capacidad física para treparse en arboles de aguacates y palmeras. Siempre estaba descalzo, sin camisa, en traje de baño, y su cabello lacio rubio claro era largo, naturalmente colgando directamente de su cabeza, sobre y alrededor de sus orejas hasta sus hombros.

Le di a Madeline un enorme poder de aprobación. Mis sentimientos de amor, el deseo erótico, fueron eclipsados por el deseo de ser uno de "ellos", respetado y apreciado. Queriendo ser un "estadounidense típico" entre mis compañeros en la escuela, estaba dispuesto a hacer lo que fuera necesario para entrar en sus buenas gracias (y sus pantalones), para alentarla a sentirse segura y natural a mi alrededor. Salí de mi camino para ser como sus amigos.

Animado por ella como cómplice, creé un *apego codependiente*. Totalmente envueltos en nuestras fantasías adolescentes, nos comportamos irresponsablemente durante esas noches salvajes y locas. Similar al vínculo emocional que normalmente se forma entre el bebé y el cuidador, por el cual el bebé indefenso satisface las necesidades primarias, su proximidad y conocimiento de nuestro medioambiente se convirtieron en mi motor para el posterior desarrollo social, emocional y cognitivo.

Caí víctima de la conciencia--- interpretación de otra persona de quién era y cómo actuaba o me comportaba. Necesitaba que Superboy diera un paso adelante. Me guio a través de la niebla y el fuego, sosteniendo mi mano como solo él podía, mientras acariciaba mi espíritu y suavizaba mi miedo.

Superboy--- Sabes que hay dolor y sufrimiento por no cumplir con las expectativas. Tus amigos en la escuela, los que sentías que necesitaban toda tu atención, no estaban buscando que te convirtieras en otra persona que no fueras tú mismo. Deberías haber seguido con tu vida feliz y contento con quien eras.

"Tenía que ser" espectacular para encajar en la persona que otros esperaban que fuera. Construyendo Superboy, presté especial atención a todas las facetas de *su* entorno y los pensamientos en *sus* cabezas. Las cosas, comportamientos y costumbres importantes que reflejé, al ignorar el resto, probablemente me ayudaron, al igual que con los humanos originales, a sobrevivir y evolucionar al joven Orlando hacia la edad adulta. Es una habilidad que puede ayudar a niños y adultos por igual a tener éxito en la escuela, en el trabajo y en sus relaciones, a veces a expensas de perder parte de la identidad de uno mismo, perdiéndome a mí mismo en el proceso de convertirme en otra persona.

Anhelaba ser un adolescente estadounidense y equiparaba ser judío con *tener* cosas para alcanzar un estatus más alto y comprar más cosas. La población judía de Miami Beach estaba a cargo de la ciudad, y su riqueza se mostraba en todos los lugares turísticos, pero especialmente en mi vecindario.

Soñaba con tener mi propio automóvil, una nueva scooter Vespa, transporte común en South Beach, salir con una chica muy bonita, ir a los mejores restaurantes y comprar ropa de moda en las boutiques de Lincoln Road, hecha con la mejor tela y ajustada al cuerpo para verse mejor y sentirse mejor. Con más cosas, podría viajar a más lugares, ver "el mundo", ver cómo vivían otros y estudiar su cultura para descubrir cómo se volvieron poderosos, qué hicieron para tener todas las cosas que tenían. Tener más cosas significaba que sería más feliz. Traté de pensar como *ellos*.

Fue lamentable.

Este período de transición a la edad adulta planteó cuestiones de independencia e identidad propia; me enfrenté a decisiones difíciles con respecto a la escuela, la sexualidad y el alcohol disponible a través de la vida social. La presión de los grupos, los intereses románticos y la apariencia personal "de moda" aumentaron sustancialmente con el tiempo.

Orlando--- *Mamá, ésta es Madeline.* --- La había traído a casa para que "conociera a mi madre".
Mamá--- *¿Madeline?*
Orlando--- *Sí, es mi novia.*
Mamá--- *¿Tu qué?*

Mi madre sabía perfectamente quién era Madeline. Ella probablemente también sabía de mi intención de llevar nuestra relación a una etapa más formal, integrando a mis amigos en mi familia católica cubana tradicional. Pero lamentablemente, sin preparación como estábamos, Madeline no se vistió para la ocasión.

Luciendo unos mini pantalones cortos ajustados y una blusa blanca suelta desabotonada en la parte superior y terminando por encima de su ombligo, un par de zapatillas sin calcetines y sin maquillaje, su cabello descuidado salvajemente desordenado y sin joyas, Madeline estaba muerta antes de su llegada- (DOA) "Dead On Arrival" - termino médico que define a un paciente que llega muerto a la sala de emergencias de un hospital.

Debería haberlo sabido mejor. Desagradablemente no fuimos bienvenidos. La tía más joven y confidente más cercana de mi madre, Ondina, casada con mi tío Orlando, estaba de visita en ese momento y escuchó nuestra conversación desde el segundo piso. Ondina bajó las escaleras acercándose lentamente en actitud de vigilancia, se detuvo en medio de la escalera y declaró: "¿Quién eres?"

Madeline permaneció en silencio, mientras yo trataba de aliviar lo que parecía una confrontación cada vez más desagradable. Siendo este el primer encuentro íntimo entre nuestras dos culturas desde que mi familia había llegado como exiliados a los Estados Unidos, Madeline y yo estábamos a punto de perder el intento de "integración". Muchas divisiones culturales contradictorias presentaron un gran desafío para nuestra vida en ese momento. A lo largo de la infancia, y aún como adulto, estos desafíos permanecen.

Sorprendentemente, Ondina tomó su zapato, apuntó a Madeline y lo arrojó en su dirección. Solo puedo imaginar la conmoción y la angustia de mi pobre novia. Nos fuimos inmediatamente, para nunca volver en pareja, sabiendo que otro intento sería tan desastroso como el que acabábamos de experimentar. Ambos nos aislamos de mi cultura familiar, y yo más distante de lo que solía ser, ahora abrazaba completamente mi nueva personalidad proyectada hacia lo que me convertiría. Pero Madeline, traumatizada por el rechazo de mi familia, quería terminar la relación. La convencí de que no lo hiciera.

Tan impactante como fue lo académico y los deportes, los días y noches llenos de sexo definieron mis años de escuela secundaria. En junio de 1962 tenía dieciséis años y poseía diecinueve créditos de escuela secundaria, suficientes para graduarme. Pero todos, incluyéndome a mí, sentían que era demasiado joven e inmaduro para la universidad. Entonces, repetí voluntariamente mi último año, graduándome en 1963 con veinticinco créditos, seis más de los requeridos para la graduación; y aun así, tenía diecisiete años. Me quedé con Madeline durante toda la época adolescente.

Después de tres años de noviazgo con ella, me mudé con Humberto a Madrid, España, para cursar estudios de premédica en la Facultad de Medicina de la Universidad de Madrid. Humberto y yo salimos de Miami primero, antes que nuestros padres, a principios de septiembre de 1963.

Madeline se quedó atrás.

Nos escribimos cartas de amor todos los días durante casi un año, luego dos veces por semana a través del Océano Atlántico, cada vez menos frecuentes y más cortas que la anterior; nuestra relación se extinguió con el tiempo y la distancia. Obstaculizados por probabilidades implacables y circunstancias "imposibles" contra nosotros, nos convertimos en historia en la Navidad de 1965, la última carta de ella, *el día más decepcionante de mi vida.*

No nos volvimos a ver nunca más.

Parte 6

Me pongo las pilas

(1963-1967)

Capítulo 25
Pensamiento crítico

Desarrollo religioso y espiritual

En la "certeza" de los acontecimientos históricos que definieron mi vida joven, recuerdo fragmentos de momentos en la vida que ocurrieron en casa, en la escuela o fuera y sobre los cuales germinaron mis conocimientos religiosos y espirituales.

En el mundo occidental, cuando hablamos de religión, la conversación apoya el lenguaje y la fe escritos en las Escrituras. La Biblia, "explica" el dogma a seguir en cada religión cristiana, basado en Jesucristo y Abraham como salvador, y Dios como deidad.

Cuba es tradicionalmente un país católico. La religión católica romana fue traída a Cuba por los colonialistas españoles a principios del siglo 16 y fue la fe más profesada hasta 1959, cuando la Revolución de Fidel Castro tomó el poder.

Tras su entrada triunfal en La Habana, Castro inicialmente fingió su preferencia religiosa personal y creencias usando joyas---crucifijos cristianos alegóricos, el rosario y la cruz con o sin Jesús alrededor de su cuello. Aunque fue bautizado y criado como católico romano, no era un católico practicante. El Papa Juan XXIII excomulgó a Castro en 1962 después de suprimir las instituciones católicas en Cuba.

La historia sociopolítica fue moldeada por normas y creencias populares que moldearon el ethos nacional. El más prominente entre ellos fue la Santería, una palabra española que significa "el camino de los santos". Su lengua sagrada es la lengua Lucumí, una variación del yoruba.

El pueblo yoruba llevaba consigo diversas costumbres religiosas: trances y adivinación para comunicarse con sus antepasados; deidades; sacrificio de animales; y tambores y danzas sagradas.

La mayoría de los cubanos nunca practicaron estos rituales, solo los sumos sacerdotes llamados *santeros* lo hacían. Un porcentaje considerable de personas practicaban algún tipo de santería, creyendo en el poder de los santos, alentando su apoyo venerando sus imágenes, suplicándoles cuando sentían la necesidad de ayuda "desde arriba."

Basadas en la aprehensión espiritual, las enseñanzas del dogma católico reclamaban el conocimiento de lo incognoscible, contradictorio e irracional. "Es lo que es", exclamaba mamá. "La fe en Dios no es un tipo de conocimiento; es creer sin razón". Añadiendo: "Mi confianza en la existencia del Señor, y la certeza de su presencia entre nosotros, me asegura su protección".

La mayor parte de mi educación católica vino en la escuela La Salle en El Vedado, un suburbio de La Habana. Asistí a misa, en latín, dos veces por semana, y más a menudo que eso durante los días festivos católicos como Navidad, Viernes Santo, Domingo de Pascua, Día de Todos los Santos y Misa de *Gallo*--- también Misa de los Pastores--- celebrada en la víspera de Navidad a medianoche.

En el catolicismo, cada día del año se asigna a uno o más santos, y a cada persona se le asigna un santo patrón de acuerdo con su nombre. Esta práctica jugó un papel importante en el judaísmo antiguo. Hay una creencia islámica similar en el mu'aqqibat. Según muchos musulmanes, cada persona tiene dos ángeles guardianes, uno delante y detrás, mientras que las dos "grabadoras" se encuentran a la derecha y a la izquierda. Mientras tanto, una importante inmigración china introdujo teorías y prácticas del confucianismo.

Mi madre era una típica mujer cubana, imbuida de tradiciones religiosas mixtas. Sin embargo, ella era una católica devota, una religión que venera a muchos santos, pero adora a una deidad. Es decir, los católicos adoramos únicamente a Dios. No adoramos imágenes, ni estatuas, sino veneramos lo que ellas representan y no a ellas por sí mismas.

Dios--- Así es.

Hoy, en Cuba, los santeros superan en número a los católicos ocho a uno.

Superboy--- Mamá, ¿practicaste Santería? Vi las figuras de la Virgen María, Jesús, los apóstoles y los santos, y el Papa sobre la mesa con las velas encendidas cada vez que se necesitaba una petición celestial; ¿no es eso Santería?
El fantasma de mamá--- Orlando, ¿estás loco? ¿Cómo podrías decir ese *disparate* (locura)?

Esta ambivalencia influyó en la sustancia de las cosas que creía y esperaba fueran ciertas. La evidencia de cosas que no se veían a simple vista fue sacudida---es decir, mi fe en Dios fue sacudida.

Dios--- No ha sido fácil para ti.

A medida que avanzaba, poco a poco me convertí en un escéptico de cualquier cosa no física. No hallaba interés particular en buscar "en el más *allá*", especialmente como adulto joven, vivencias espirituales mientras avanzaba en la escuela de medicina. Estudiando embriología, anatomía, fisiología, farmacología, química y física, mis convicciones religiosas flaquearon ante la inundación del espíritu por datos fisicoquímicos que ya no incluían la certeza de la existencia de Dios.

Dios--- Lo siento.

Así fue como, mientras todavía estaba en Cuba, la fe cristiana solidificó mi fuerte creencia en Dios y en las doctrinas de la Iglesia Católica como se enseñan tanto en la Escuela La Salle como en casa. Mi madre estaba convencida de una "verdad innegable", una doctrina que más tarde no se transfirió a mi laica educación estadounidense en la escuela pública. MBSHS era principalmente judío y no ofrecía ningún curso de religión católica.

Mas adelante, en España, las cosas se complicaron aún más. A medida que crecía mentalmente, las ideas de religión se solidificaron negativamente en el desdén por la falsedad. Lo que percibí allí fue como una agenda preconcebida y tortuosa controlada por la Iglesia Católica para influir en una población, la española.

Vi a muchos "creyentes" asistir a la misa dominical en Madrid, algunos escondiendo sus cuerpos con largos vestidos y medias grises o negras, las caras cubiertas por una *mantilla* (velo de encaje) con o sin manos enguantadas sosteniendo un rosario. Otros, destellando joyas, vestidos de alta costura desfilando riqueza y poder. ¿Estaban actuando para impresionar, obedeciendo costumbres centenarias, o era esto un reflejo sincero de creencias profundamente arraigadas? Se sentía como si estuvieran presumiendo. Los etiqueté como mentirosos. Dime, Jesús, ¿tenía razón al dudar?

Dios--- *Orlando. Ay, Orlando. Cuando eras aun un feto, venías con el alma blanca. Siempre supe que tu serías uno de mis más fervientes seguidores.* Convertirse en Superboy ha sido difícil, ¿no?

Orlando--- ¿Cómo lo supiste?

Dios--- Porque lo sé todo. Sé que tienes un lado femenino, erótico y sensible, y un espejo masculino brutal y violento. También sé que eres un mentiroso, un tramposo y (tus palabras) un cobarde. Ten la seguridad de que perdonaré tus pecados si te arrepientes a través de la confesión y pides perdón usando la oración y los actos santos.

Orlando--- ¿Me has perdonado por fumar y masturbarme a los doce años?

Dios--- Sí, hace mucho tiempo.

Orlando--- Quiero conocerte. Los profesores de religión en La Salle del Vedado llamarían a esto una "Revelación".

Dios--- Me ofrezco a todos a través de mi hijo, Jesucristo, y el "*Espíritu Santo*" (Sancti Spiritus), *rúaj* (en hebreo) y *pnéuma* (en griego), el "camino" a través del cual me comunico con el mundo.

Orlando--- Siento que solo te conoceré si te abro mi corazón.

Dios--- No creo que seas lo suficientemente fuerte como para hacer eso solo, déjame ayudarte.

Orlando--- No estoy convencido de nada, pero siento la necesidad de tenerte en mi vida. Mi pregunta para ti es, ¿cómo es que--- ser la fuerza omnipotente para el bien que la mayoría de las religiones te sostienen ser---permitiste que esto sucediera?

Dios--- Supongo que con "esto" te refieres a la desgracia de tu familia por perder su país. No soy ni una fuerza para el bien ni para el mal, ni para lo correcto ni para lo incorrecto, ni para el amor ni para el odio, ni para la racionalidad ni para la estupidez. Yo soy tanto el Creador como el Destructor. Si crees en mí, tu alma será salvada.

Insistí.

Orlando--- Cada religión te llama por un nombre diferente. ¿Es eso cierto?

Dios--- Una creencia es verdadera si, y sólo si, es parte de un sistema coherente de creencias.

El fantasma de mamá--- La fe es una convicción fuerte que no puede ser cuestionada o probada correcta o incorrecta por la base física y las deducciones, que reina en las mentes y el espíritu de los fieles.

Orlando--- Dios, creo en Ti, pero también creo en mis padres. Mi madre siempre decía que tenía un alma "blanca". Ella dijo: *"Hijo mío, tú tienes un alma blanca"*. Pero ¿qué significa eso? ¿Los negros también tienen un alma blanca?

Dios--- Tener un alma blanca significa que tu alma es limpia y pura, exenta de neoplasias malignas en pensamiento o intención. Los negros, así como otras personas blancas, y todas las razas humanas también tienen eso. Al menos, algunos de ellos la tienen.

Orlando--- De cualquier manera, cuando crecía en Miramar me conocían como un *"mojón de mierda, un listo de los cojones"*. Disfrutaba compartiendo mi opinión "grandiosa" con cualquiera que tuviera la paciencia de escuchar. ¿Estaba pecando?

Dios--- Fuiste extremadamente perceptivo. Te veías a ti mismo como un visionario, sentías que otros no veían con claridad lo que "viste" que estaba por venir. Eras simplemente Superboy, un niño increíble con superpoderes previamente desconocidos, Superman en ciernes, no exactamente Dios.

Seguí indagando mientras persistía en busca de la verdad.

Orlando--- Eres un hombre, ¿verdad? La mayoría de los seres humanos cree y confía en la lealtad hacia ti con la certeza de que su fe está centrada en Dios, como hombre.

Dios--- Su creencia en algo para lo cual no hay pruebas, se aferra a la fe profesada en las doctrinas tradicionales de una religión. Todas se basan en su propio dogma. Por ejemplo, el islam. "Justo es el que cree en Alá y en el Último Día y en los Ángeles y en las Escrituras y en los Profetas". — *Corán 2:177*

El fantasma de mamá--- *Esto expone la varianza y el aislamiento que caracterizan a las religiones del mundo.*

Dios--- *No hay dos religiones en armonía o de acuerdo entre sí.* --- Aunque existen muchas similitudes entre ellas.

El fantasma de mamá--- *Un conflicto amargo, a veces violento se produjo con frecuencia en la contención por la superioridad espiritual.*

Dios--- Tanto el significado como la intención permanecen borrosos, aumentando los argumentos (a favor de los no creyentes) que apoyan mi inexistencia. Pero todavía estoy y siempre estaré aquí.

Orlando--- Muchos de los que defienden el ateísmo creyeron en Ti y se detuvieron después de un largo y arduo proceso de descubrimiento, cuestionamiento y pensamiento en la fe que habían profesado durante muchos años, ahora sintiendo que no es verdad.

Dios--- ¡Por supuesto! Los ateos argumentan que eliminar la noción de una vida después de la muerte, nos ayuda a comprender la realidad y la belleza de esta vida.

El fantasma de mamá--- *Pero, la creencia en Ti no niega la belleza del planeta ni sus habitantes.*

Orlando--- Mi mayor problema con la fe es la pregunta: ¿Voy a ver a papá y mamá cuando muera?

El fantasma de mamá---*Por supuesto que nos veremos, y te daré muchos besitos.*

Dios--- En Lucas 24:13-35 hablo de la resurrección a través de mi hijo y sus discípulos.

Mamá rebuscó sus referencias eclesiásticas en su biblioteca celestial.

El fantasma de mamá--- Según los textos más antiguos, como la Biblia, la Torá, el Talmud y las Tablas sumerias, Tú creaste a un hombre [génesis] directamente soplando polvo desde el suelo hasta sus fosas nasales, convirtiendo una forma sin vida en un ser vivo. Esto es consistente con la Sagrada Escritura, como lo enseñó Santo Tomás de Aquino. Te lo debemos todo.

Superboy--- Me pregunto si esa fue la mayor contribución de Dios a la humanidad.

El fantasma de mamá--- En realidad no. Su mayor contribución fue cuando creó a una mujer.

Orlando--- Mamá, ¿quién era Santo Tomás de Aquino?

El fantasma de mamá--- Era un fraile dominico italiano, sacerdote católico y doctor de la Iglesia.

Dios--- Es un filósofo teólogo inmensamente influyente y jurista en la tradición del escolasticismo.

Orlando--- ¿Esperas que sepa lo que significa esa palabra?

El fantasma de mamá--- Es un método de *pensamiento crítico*.

Llegó la ocasión de apretar "botones" y sensibilidades.

Orlando--- ¿Fue crítico con todos de la manera en que lo fuiste con Humberto?

El fantasma de mamá--- Tu hermano estaba bien. Tenías que escucharlo y hacer lo que decía.

Orlando--- ¿Me estás tomando el pelo?

El fantasma de Humberto--- Cállate, Orlando; solo escucha sin interrupción. Deja que mamá hable.

El fantasma de mamá--- ¿Qué más quieres saber, Superboy? Estoy bastante ocupada.

Orlando--- Entonces, ¿qué es el pensamiento crítico?

El fantasma de mamá--- Aprender a ser correcto.

Orlando--- ¿Qué significa eso?

El fantasma de mamá--- Comportarse conforme a lo establecido en las sagradas escrituras, lo que siempre conduce a fortalecer la propiedad y el rendimiento de tu autoimagen.

Orlando--- ¿Cómo diablos haces eso?

Dios--- Si oras y lees la Biblia, tu vida tendrá más significado.

Mamá nos recordaba que cada vez que nos sentábamos a cenar, no debíamos servirnos más comida en nuestro plato de la que planeábamos consumir. Hoy, la oración favorita de mi hermana Ana María para luchar contra la gula y la codicia y promover la caridad y la bondad se ofrece en cada comida familiar.

La oración de Ana María --- "*Señor, Gracias por los alimentos que vamos a tomar. Dale pan a los que tengan hambre, y hambre de ti a los que tengan pan*".

Orlando--- ¿No es la religión la razón principal de tantas guerras en las que millones de personas fueron desplazadas de sus hogares para morir en una tierra extranjera?

Dios--- ¡Eres tan curioso! Sí, la religión causa la guerra, una cuestión de hecho histórico. Desde tiempos inmemoriales, los hombres han luchado entre sí en guerras causadas por la religión.

Orlando--- Eso suena como la guerra de Oriente Medio entre judíos y árabes. ¿Qué pasaría si todas las religiones del mundo se posicionaran voluntariamente como nubes de "onda paralela", cada nube representando una religión? Todos viajan en la misma dirección con un propósito común, pero nunca se tocan, tal vez por respeto al otro. Dios, si tienes una opinión acerca de qué doctrina es correcta, ¿por qué no lo dices? ¿Por qué los seres humanos no pueden llevarse bien?

Dios--- Pregúntale a Superboy.

Capítulo 26
"Chaval" Español

Llegamos a España.

Papá--- *No te preocupes, Chonita, todo saldrá bien.*
Mamá--- *¿Cómo puedes estar tan seguro?*

La decisión de nuestros padres en 1963 de mudarse de los Estados Unidos a España fue complicada y desencadenada por varios eventos que afectaron nuestra seguridad y crecimiento como familia. Humberto había terminado su primer año en la Universidad de Miami, y yo me había graduado de Miami Beach Senior High School dos meses antes de cumplir diecisiete años. Dos años antes, el hermano menor de mi madre, el tío Chirrino, fue asesinado en la Bahía de Cochinos. Mamá estaba convencida de que Humberto y yo nos uniríamos al esfuerzo revolucionario para derrocar la Revolución de Castro.

La comunidad cubana en el exilio en Miami trabajó arduamente para que nuestros patriotas regresaran a casa desde las cárceles cubanas. Hubo ciento setenta y seis muertos por las fuerzas armadas cubanas. Ciento dieciocho eran de la Brigada 2506, incluyendo Chirrino. La Milicia Nacional de Castro sufrió dos mil muertos y heridos.

Cuatro ciudadanos estadounidenses perdieron la vida en el conflicto, organizados y apoyados por la Brigada 2506, la CIA, la Fuerza Aérea de los Estados Unidos y la Marina de los Estados Unidos. Cuando los invasores perdieron la iniciativa estratégica, la comunidad internacional se enteró de la invasión, y el presidente de los Estados Unidos, John F. Kennedy, decidió retener más apoyo aéreo desencadenando el fracaso de la misión. Este desastre afectó la decisión de mamá de abandonar el país.

El fantasma de mamá--- Toda la familia le suplicó a que se quedara en casa y criara una familia. Era joven, aventurero y muy valiente, decidido a lograr la libertad para Cuba. Un verdadero patriota, mi hermanito fue a su muerte con honor. Nos rompió el corazón.

Había otras razones importantes, como las tendencias cada vez más liberales en nuestra sociedad. Mamá era conservadora, no acostumbrada a las modas y comportamientos, una crítica severa del estilo de vida descontrolado que yo estaba favoreciendo. Su dificultad para asimilar estos grandes cambios en su entorno la hizo cada vez más insegura. El estrés se intensificó por un robo en el negocio de papá en Wynwood.

En ese momento, papá no podía moverse sin ayuda, requería un bastón para caminar. Había tenido un "accidente" un año antes cuando salió de su automóvil estacionado frente a su negocio, Jomares Market en Calle Veinticuatro del Noroeste y la Avenida North Miami en Wynwood, Florida. La versión de mi madre fue que un anciano no lo vio salir del auto. Nuestra sospecha era que era víctima de un "trabajo" profesional. No mucho antes del accidente, papá estaba en el mostrador de pago cuando tres hombres entraron al mercado de Jomares y tomaron todo el efectivo y su reloj mientras le apuntaban con un rifle.

Cuando se fueron, papá tomó su arma y corrió tras ellos, disparándole a uno de ellos en el muslo. Siendo un excelente tirador, podría haberlos matado fácilmente, pero no disparó a matar. Creemos que los perpetradores, contratados por los hombres que habían robado su tienda un mes antes, lo atropellaron intencionalmente. La familia estaba lista para mudarse a un ambiente más seguro. La hermana de papá, Carmen {Chely, Tía Tá} ya vivía en Madrid y disfrutaba de un nivel de vida extremadamente alto. Mauro, su marido, era dueño de varios restaurantes de cinco y seis estrellas Michelin, incluyendo Las Lanzas, el mejor restaurante de Madrid, Breda, y un bar para hombres muy selecto, Zosca.

Antes de partir de Miami Beach, Madre nos dio un adelanto del mundo por venir al llegar a Madrid. Ella sabía que todos estábamos dejando atrás cosas y personas importantes. Estaba viajando "temporalmente" fuera del país, pero "no pasaría mucho tiempo" antes de volver a ver a Madeline.

Mamá--- *Chely nos está esperando. Ella me asegura que la vida en Madrid es muy tranquila y sosegada, que la seguridad ciudadana y nacional está garantizada, y los valores cívicos son defendidos por un gobierno eficiente.*
Papá--- *Yo sé que los niños lograrán salir adelante, pero es un mundo nuevo para ellos, igual que lo fué cuando llegamos a Miami en el 59.*

Humberto y yo viajamos antes que el resto de la familia a la casa de Chely. Las ventajas de vivir en Europa, mejor educación; una cultura más amplia y diversa; increíble historia en las artes, la arquitectura y la literatura; y un estilo de vida más tolerante y seguro se convirtió en un imán difícil de rechazar. Estábamos emocionados de descubrir lo que nos esperaba.

Nuestra llegada al aeropuerto de Barajas en Madrid fue un shock.

Dos adolescentes estadounidenses (nosotros) recibieron instrucciones de buscar un Mercedes-Benz gris conducido por su chofer, Félix, que llevaría un uniforme gris. Él nos vio primero. Su obsequiosidad por servir a nuestras necesidades se acercaba al servilismo. Fue una falta de respeto venal, inicialmente gratificante ya que ambos percibimos una oferta para ayudar con nuestro equipaje.

Pronto nos iluminaría un comportamiento habitual típico de los estratos de estatus social españoles en ese momento. Como estudiantes de secundaria en Miami Beach, aprendimos que el estadounidense rico no demuestra grandeza, y el hombre pobre tampoco servilismo; las relaciones humanas en la vida cotidiana están en pie de la igualdad.

Félix--- *¡Hola, chicos! Venid, aquí estoy.*

Él chófer estaba gritando y haciéndonos señas hacia él. Nos movimos cautelosamente hacia el automóvil, esperando disfrutar de los beneficios de un paseo en un Mercedes conducido por chófer.

Humberto--- *¿Usted es Félix?*
Félix--- *Sí, sí, vengan, vengan.*

Félix abrió la puerta trasera derecha del coche, luego se doblego, hacia abajo y hacia adelante. Asumí que este era un gesto utilizado para saludar cordialmente a un visitante o recién llegado. Tomó todas nuestras bolsas, colocándolas en el maletero. Félix se mostró emocionado y alegremente acogedor, lo que transmitió un mensaje amoroso, para saludarnos hospitalariamente con cortesía y cordialidad, un respiro bienvenido después de un largo vuelo.

A medida que avanzábamos por la carretera desde el aeropuerto de Barajas y por las polvorientas calles de Madrid llenas de coches pequeños marchando a toda velocidad, en su mayoría taxis, la única diferencia significativa que noté fue su acento, diferente en muchos aspectos de nuestro español hablado cubano. Los tres hablábamos castellano, a diferencia del euskera, el catalán u otros idiomas españoles, pero la distinción presentaba más disimilitud en la pronunciación que en la forma.

Los españoles pronuncian la letra "C" de manera similar a como los cubanos pronuncian la letra "Z" (la lengua que sobresale a través de los dientes frontales), y pronuncian la letra "J" hecha gárgaras, en lugar de suavemente "soplada," como exhalando. La entrega de cada palabra, frase u oración fue considerablemente más contundente. Esta discrepancia en la actitud y la comunicación atenuó la sensación de que el hombre estaba subordinado a su jefe y a sus familiares o amigos. Mientras el chofer hablaba, Humberto me miró y yo sonreí, levantando los hombros en señal de asombro.

Félix--- *Ya hemos llegado, chicos.*

Nuestros tíos vivían con sus hijos, Maurito y Lourdes (Lula), y los padres de Mauro, Blanca y Jesús, en un barrio muy lujoso de Madrid. Su pent-house era enorme, en una zona privilegiada detrás del Museo del Prado, con vistas al Parque del Retiro--- igual a Central Park en la ciudad de Nueva York. Las Lanzas estaba ubicado en el primer piso y sótano del edificio, ocupando veinte mil pies cuadrados.

Al llegar al edificio de condominios de mi tío y tía, el chofer nuevamente se inclinó en reverencia y cortesía, agarró nuestro equipaje y corrió a abrir todas las puertas desde el automóvil a través de la entrada del edificio hasta el vestíbulo y finalmente hacia las puertas del ascensor, repitiendo cada vez el procedimiento de bienvenida en ese orden secuencial. Nos sorprendió un saludo que parecía un gesto u otra acción utilizada para hacer referencia a la llegada de dignatarios en una visita a un jefe de estado monárquico. Estábamos confundidos. Estaba siendo amable y servicial, pero...

¿Fue una muestra de respeto o gratitud? Nunca en mis sueños más salvajes pude esperar las palabras que siguieron: *Bienvenidos a España, "señoritos"*. Para aquellos que hablan un idioma diferente, señoritos se traduce como "Maestro" o "Joven Rico". Para nosotros, sonaba como si nos estuviera llamando pequeños señores u hombres pequeños, pero lo que me molestó fue su repetida inclinación hacia adelante mientras se doblaba con la intención obvia de mostrarnos como superiores a él. Me pregunté si su próximo galardón podría ser: "¿Su señoría me permitiría ayudarlo? ¿Supongo que no quiere ensuciarse?" Se había inclinado tres veces. Humberto y yo nos miramos de nuevo, confundidos y conteniendo una risita.

Orlando--- Mamá, ¿por qué nos mudamos a Madrid?

El fantasma de mamá--- En ese momento, tu padre y yo estábamos convencidos de que Madrid, apoyados por su hermana Chely, que se había mudado allí en 1958, traería estabilidad y la oportunidad de iniciar un nuevo negocio. También estaríamos más cerca de ustedes y les ayudaríamos con el inicio de sus carreras médicas.

Subimos al ático para conocer a la familia. Nos esperaba la criada, que abrió la puerta y nos dio la bienvenida, menos servil que Félix, pero aún demasiado respetuosa, como un mayordomo.

Criada--- *Su tía está esperando en el salón; ella está impaciente por verlos.*

La criada tomó nuestras maletas y nos dirigimos hacia Tía Tá, mi tía favorita y querida. Con esa gran sonrisa, brillando de amor y afecto, se puso de pie con los brazos abiertos para recibir nuestros abrazos y besos.

Orlando--- *¡Hola, Tía! ¿Como estás? Te ves bien.*
Chely--- *Maurito y Lula ya salieron para el colegio.*
Humberto--- *¿Y Mauro?*
Chely--- *Está en el baño.*
Orlando--- *Ay, Tía, ¡que lindo está tu apartamento! Qué ganas tenía de verte.*

Chely era una persona muy amable. Ella rebosaba de amor y afecto; tenía el corazón más grande de la familia. La amaba tanto como a mamá, o [a veces] más, pero tampoco me atrevía a decírselo. Mi madre estaba muy celosa de ella. Pero Tía Tá tenía serios problemas en casa. Mauro no era un esposo fácil, pero era un buen padre, un excelente proveedor, y sentía el más profundo afecto interpersonal por Chely, sus hijos y sus padres.

Mauro tardó solo una semana en "ayudarnos" a encontrar otro lugar para vivir. No estaba contento con dos adolescentes "estadounidenses" que rompían su rutina diaria. Humberto y yo comenzamos inmediatamente a tocar en la vida nocturna que se ofrece en la capital española. Los clubes de jazz cerraron a las 4 a.m., y fue entonces cuando regresamos al condominio de Chely. Mauro tenía excelentes conexiones, no tenía problemas para encontrar a sus dos adolescentes [salvajes] viviendas de lujo para colgar nuestra ropa.

Era La Casa do Brasil, la mejor "casa de fraternidad" y colegio mayor de Madrid. Era lujoso, nuevo de paquete, moderno, y salvaje; nos adaptamos inmediatamente. Estudiamos y jugamos todo lo que pudimos, y conocimos a jóvenes maravillosos de Brasil y otros países sudamericanos, así como a muchos europeos que estudiaron en Madrid. Era la versión española de una sofisticada "casa de animales," como la infame "animal house" de John Belushi europea.

Los edificios de los dormitorios estaban divididos, uno ocupado por niñas, el otro por niños, pero eso no impidió mezclarse. Mintiéndole a las mujeres brasileñas sobre mi timidez y falta de experiencia con las chicas fue buena técnica para el ligue. Todas querían proteger mi fragilidad. Durante un par de meses, Humberto y yo "sobrevivimos" en el paraíso brasileño, mientras estudiantes viajaban encubiertos de luces nocturnas tenues dentro de los dormitorios.

Mis padres llegaron a Madrid dos meses después de un viaje transatlántico, Fort Lauderdale, Florida a Vigo, España, trayendo a mi abuela Esperanza y a mi hermana Ana María con ellos. Alquilaron un piso cerca de la Universidad de Madrid, y nos mudamos, disfrutando una vez más de la comodidad y seguridad de nuestra casa. En poco tiempo, comenzamos a socializar mientras formábamos nuestro camino por la capital española.

Nuestros estudios comenzarían en la Universidad de Madrid. Humberto prefería la medicina, mientras que yo, después de haber tomado cuatro años de dibujo mecánico en la escuela secundaria, me incliné hacia la arquitectura y las artes. Por lo tanto, él se matriculó en la Escuela de Medicina y yo en la Escuela de Arquitectura con una especialización en ingeniería aeronáutica. También soñaba con ser piloto, como Chirrino. No mucho más tarde, me transferiría a la Escuela de Medicina.

El fantasma de Humberto--- Te envidiaba a ti y a tu curso de vida. Soy el que debería haberse convertido en Doctor en Medicina en mis años más jóvenes. Me tomó toda una vida.

Orlando--- Tu elegiste perseguir intereses comerciales, mientras que yo elegí volver a la escuela de medicina.

El fantasma de mamá--- Humberto, no deberías hablarle así a tu hermano. Sé amable y justo y acepta la decisión que tomaste.

El fantasma de Humberto--- Pasé toda una vida siendo amigable, generoso y considerado. Lo logró sin esfuerzo, gracias a mí.

Dios--- La ira te hace más débil. Los celos destruyen el alma.

Orlando--- ¿Sin esfuerzo? Tú, mejor que nadie, debes saber lo difícil que es graduarse de la escuela de medicina. Como dijiste, "literalmente te tomó toda una vida".

Su graduación de la escuela de medicina ocurrió unos meses antes de fallecer.

Las cosas fueron difíciles para los dos, pero éramos jóvenes y estábamos llenos de energía y ambición. Admiré sus increíbles éxitos en Procter & Gamble, mientras que al mismo tiempo dirigía Maquelsa S.A., nuestro negocio de máquinas expendedoras, mientras viajaba con frecuencia ida hacía, y vuelta desde Zaragoza para las pruebas de la escuela de medicina. Convertimos una pequeña operación en una mediana empresa familiar, gracias al destacado compromiso de Humberto con la excelencia que lo caracterizaba, consecuencia de su anhelo triunfador. Nada fue fácil.

El fantasma de Humberto--- Nunca me aparté de tu lado. Siempre te cubrí las espaldas. Sabías que yo estaba allí para ti. No importaba a dónde fuéramos, éramos más fuertes juntos.

Orlando--- No puedo negar tu preocupación por mi seguridad y bienestar. Sentí que podíamos conquistar el mundo juntos, y lo hicimos durante nuestra adolescencia, pero luego todo se rompió.

El fantasma de Humberto--- Algo sucedió que no puedo entender, pero sé que las cosas empeoraron entre nosotros.

Él y Cristina Olivares (La Gallega) se conocieron en Madrid poco después, un par de meses tras nuestra llegada a España a finales de 1963. Ya para entonces estaba buscando transferirme a medicina, en la Universidad de Zaragoza. Ella era una estudiante de último año de secundaria; nosotros éramos estudiantes de pre-medicina que cohabitaban en el edificio donde mamá y papá alquilaban un apartamento en una zona preppy de la ciudad, cerca de La Ciudad Universitaria.

Ella era hermosa, una cara pecosa, una piel blanca suave y brillante, una sonrisa sugestiva de Mona Lisa con ojos que se elevaban inocentemente en una búsqueda de lujuria gay. El cabello moreno claro excepcionalmente largo y lacio colgaba suavemente hacia atrás mucho más allá de sus hombros. A sus padres, papá ingeniero, mamá ama de casa tradicional "española", no les gustaba Humberto.

Orlando--- ¿Crees que me sentí celoso por tu repentino cambio de enfoque de mí a La Gallega cuando te enamoraste de ella? Bueno, así fue. Yo tenía diecisiete años y tú dieciocho cuando pusiste tus ojos en ella.

Fue la primera vez que Humberto desvió su enfoque principal de mí hacia otra persona. Los sentimientos de mi hermano se lastimaron cuando Cristina lo dejó dos años después. La amarga indignación por haber sido rechazado, tratado injustamente, creó resentimiento, una mezcla de decepción, disgusto, ira y miedo desencadenando emociones secundarias que alteraron su estado de ánimo. Ojalá hubiera escuchado a su hermano menor tratando de calmar su espíritu mientras experimentaba prejuicios, cuando le sugerí: "No tomes en serio el despido del ingeniero y el rechazo de Cristina".

Sin embargo, los comentarios de "no lo tomes como algo personal", incluso bien intencionados, pueden convertirse en mensajes subliminales que implican que "no es una pérdida tan grande", un insulto que puede conducir a un daño aún mayor a la autoimagen, especialmente cuando ocurre durante un evento de fractura de una relación. Al proporcionar una ruta de escape para salvarse, la cara que salvó puede haberse vuelto un poco más fea.

Al aceptar la derrota, surgió una imagen debilitada de quiénes éramos. Sabía que todos habíamos sido rechazados, no solo Humberto. Mientras viajábamos de Cuba a los Estados Unidos y ahora a España, cada uno de nosotros se encontró con juicios premeditados de otros que solo veían nuestra superficie encasillada en un grupo migratorio: los exiliados cubanos.

No fuimos los primeros inmigrantes en mudarnos a ese edificio, pero tuvimos que demostrar nuestro compromiso con valores similares a los de la familia de Cristina. Había una imagen medible que desarrollar, una imagen nuestra, sui generis, pero similar a los lugareños que estudiaban cada uno de nuestros movimientos. Habíamos estado allí antes, en Culver, GES y Beach High.

¿Qué virtudes fueron más significativas para aquellos vecinos que observaban nuestro comportamiento cuando volvíamos a casa de la escuela o del trabajo? Conocer *al portero* en el vestíbulo o a un residente cercano en el ascensor introdujo oportunidades para fomentar la amistad y desalentar la enemistad. Sin embargo, "se necesitan dos para bailar tango" y tiempo para completar el baile. No nos acostumbramos el uno al otro de la noche a la mañana. Superboy estaba comenzando su etapa adolescente *de Super "Niño" en* un nuevo país, con normas extrañas, un chaval español.

John Fitzgerald Kennedy había recibido un disparo mortal. El mundo todavía se estaba recuperando de eso, "el Evento de la Década", compartido con el alunizaje del hombre seis años después. Vietnam se estaba gestando.

La nueva experiencia española requirió una transformación, hablar con acento *madrileño* (un acento español típico de Madrid) y vestirme formalmente con abrigo y corbata, nada como el atuendo de bermudas y zapatillas mientras vivía en Miami Beach. La música y el baile fueron un desafío mayor, mientras que la comida y la bebida, principalmente vino, cerveza y vermut en las *tascas* (bares de barrio que muestran para la venta enormes aperitivos llamados *tapas),* fue una definitiva mejora de Royal Castle, Burger King y la comida de la cafetería Beach

High. Un nuevo idioma brotó a medida que continuábamos hablando "español" usando nuevas palabras. *Una "caña"* de cerveza significaba un vaso de cerveza de barril; un *"chato"* de vino, una copa de vino, *"tinto"* (tinto), "blanco" (blanco) o *"clarete"* (merlot). Ya no, *spanglish*.

Desde el día en que salimos de Cuba, se contabilizaron varias pérdidas importantes, mientras luchamos por encontrar un lugar en el Viejo Mundo. Mamá y papá perdieron casi todo lo que trabajaron tan duro para construir, la amargura de la pérdida de Chirrino en la Bahía de Cochinos y los desafíos de papá para moverse asistidos por un bastón. Su ética de trabajo era increíble, casi tan comprometida como la amistad y la amabilidad que ofrecía a cualquiera que necesitara ayuda. Su último rodeo estaba a cuatro años de distancia

Capítulo 27
Conozco a Mary Carmen

Orlando / Mary Carmen

"Sabes que estás enamorado cuando no puedes conciliar el sueño porque la realidad finalmente es mejor que tus sueños".

—Dr. Seuss

En mi intento de lograr una superfamilia fabulosa llena de muchos Superboys y Supergirls de nuestra creación, apareció mi propia Superwoman---Mary Carmen---. Ella vino a este mundo el 6 de mayo de 1949, aproximadamente dos años y nueve meses después de mi nacimiento.

Casualmente, su hermana, Norma, nació el 24 de agosto de 1946, mi cumpleaños, el mismo día y en el mismo hospital de La Habana donde mi madre me dio a luz. ¡Has oído bien! Virginia---mi futura suegra--- dio a luz a la hermana de Mary Carmen, Norma, ¡el día que nací! Las dos madres eran amigas en La Habana de la década de 1940, años antes de su embarazo.

Norma y yo celebramos nuestros cumpleaños juntos mientras su hermana estaba en una cuna o dando vueltas. Mary Carmen tenía catorce años cuando nos conocimos de adolescentes en Madrid, donde ella vivía con su familia y yo estudiaba medicina. Nuestra juventud y sensibilidades abrazaron una relación de por vida que aún vive fuerte después de seis décadas.

Cómo nos conocimos es una historia típica de viejos cuentos de hadas, donde una familia busca una pareja para los niños y la búsqueda se intensifica a medida que los niños se acercan a la edad de casarse. Así es como la madre de María, Virginia, visitó a mi madre, Chona, en nuestro apartamento de Madrid para darle la bienvenida a España en mil novecientos sesenta y cuatro.

Había una multitud de paralelismos en las historias y relaciones de nuestras familias. Durante la visita de Virginia, después de toda la pequeña charla "adecuada" sobre las vicisitudes que definieron la vida de la una y la otra desde que salieron de Cuba, donde habían sido buenas amigas, mi futura suegra le hizo a mi madre la pregunta que había venido a hacer:

Virginia--- *¿Qué hacen tus hijos?*
Mamá--- *¿Qué quieres decir?*
Virginia--- *¿Qué es lo que hacen con su tiempo libre cuando no están estudiando medicina?*
Mamá--- *Nada bueno.*

Mamá sentía orgullo de las actividades peligrosas de sus hijos, los comportamientos impetuosos y las vidas jóvenes tormentosas.

Eso debería haber sido el final, pero la conversación continuó con el interés de Virginia, compartido en secreto por mi madre, en reunir a su progenie. Después de todo, ¿quién mejor que nosotros, sus hijos, para conocernos y hacernos amigos, con suerte desarrollando una relación que---quién sabe? --- podría terminar en matrimonio. Actuaban como agentes matrimoniales, casamenteros de nuestra unión.

La solicitud vino para que mi hermano y yo visitáramos la casa de Gómez para conocer a las niñas, María del Carmen y Norma. Humberto se acobardó ese día. Él y Cristina habían estado juntos durante cinco meses. Yo todavía estaba en una relación a larga distancia con Madeline. Eligiendo quedarse en casa, Humberto no fue a la casa de Virginia. Yo tomé la decisión opuesta.

No hay dos situaciones iguales, aunque pueden ser similares según el contexto en el que existan. Conocer al amor de mi vida fue un evento planeado, pero dependía de que nuestras dos familias habitaran en la misma ciudad al mismo tiempo.

Cuando subí al tercer piso en el viejo ascensor, una sensación de anticipación nerviosa me envolvió, una sensación de emoción esperando ansiosamente algo que sabía que estaba a punto de suceder: *el día más afortunado de mi vida.*

Salí del ascensor; miré a izquierda y luego a derecha, tratando de encontrar el Apartamento C. Caminé lentamente y llamé a la puerta. Toqué el timbre y allí estaba ella, un ángel increíblemente hermoso, una mujer joven sonriendo amablemente en un gesto de bienvenida.

Ella dijo:

Mary Carmen--- *Hola, ¿tú eres Orlando?*

Pensé, ¡no! ¡Soy Superboy!

Nunca podría haber soñado que estaba conociendo a "la que" se convertiría en mi amorosa y adorable compañera de vida. Me enamoré inmediatamente, en abril de 1964, de mi nuevo ángel de la guarda. Ella llenaría mi vida con todas las cosas buenas. Mary Carmen me pidió que fuera su pareja para su fiesta de quince años, el 5 de mayo de 1964; un honor para cualquier mujer joven que busca introducirse en la sociedad.

Permanecimos juntos durante toda nuestra juventud en Madrid, luego en Puerto Rico y finalmente en los Estados Unidos. El 12 de julio de 2019, celebramos nuestro 50^{aniversario} de bodas.

Comencé a actuar más adulto; después de todo, ahora estaba en la universidad y Mary Carmen era mi prometida. La Facultad de Medicina de Madrid, ubicada en la Ciudad Universitaria de Madrid, era un enorme edificio de piedra y ladrillo rojo con grandes losas de hormigón gris que se elevaban para llegar a la enorme puerta de madera y acero detrás de las columnas más altas que jamás había visto. Me hizo sentir como una personita, caminando entre ellos para entrar en el vestíbulo oscuro, húmedo y frío (las clases comenzaron a fines del otoño) donde imponentes pinturas de "maestros" de renombre mundial colgaban orgullosas en las paredes.

Dado que las niñas tienden a entrar en la pubertad antes que los niños, las chicas españolas que conocí parecían más propensas a experimentar la ola de enamoramientos primero, más atraídas por los niños que los niños por ellas, tomando los sentimientos románticos más en serio que los niños, que a menudo optaban por tratarlas a la ligera. El paso a un entorno social más controlado no estaba lejos. Todo sucedió espontáneamente, en la fiesta de la casa de la amiga de Mary Carmen, un evento de baile adolescente algo formal chaperoneado por adultos.

El *romanticismo* es una potente mezcla de idealización (fantasía) y enamoramiento (ceguera) que no requiere conocer bien a la otra persona. En algunos casos, una impresión superficial puede ser suficiente provocación. "Me gusta cómo es tan callado y vigilante y se mantiene enfocado en sí mismo". Así es como Mary Carmen probablemente me percibió cuando me vio mirando por la ventana de la sala de estar en casa de su amiga hacia la oscuridad de la noche. Probablemente extrañaba mi hogar, tal vez extrañaba a Madeline. "Me gusta cómo lo que otros piensan no le importa", pudo haber pensado, mientras ignoraba a todos en la fiesta.

Aunque su enamoramiento parecía ser atracción física, en realidad se trataba de una proyección de atributos valiosos sobre mí. ¿Te suena familiar? Una declaración no sobre mí, sino sobre lo que ella encontraba atractivo. Una tercera transferencia de apego, esta vez, de hermano a novia y esposa, estaba en proceso.

Empezamos a salir en pareja, siempre acompañados, casi siempre por su hermana Norma. Mary Carmen y su familia formaban parte de un grupo de amigos cubano-hispanos que frecuentaban el nuevo bar/restaurante de Gómez en Madrid, El Pollo Blanco, donde a menudo iba a verla y planeaba el fin de semana en torno a actividades grupales. Nos mantuvimos cerca el uno del otro, incluso después de que Humberto y yo nos trasladamos a la Facultad de Medicina de Zaragoza, a 321 kilómetros de Madrid. Era un viaje en tren de cuatro horas, pero para los jóvenes amantes, sentimos que nos habíamos mudado al extremo opuesto del planeta. Durante esos tiempos difíciles, nos mantuvimos unidos, *uña y carne*, como clavo a madera.

Nuestra historia de amor, diferente a la que experimenté con Madeline, nos trajo estabilidad y paz a los dos. Nos necesitábamos el uno al otro. Paralelamente a mi deseo de encajar con esos adolescentes estadounidenses en Beach High, anhelaba una incorporación similar al grupo de amigos de Mary Carmen en Madrid. Al hacerlo, no me sentí tan desafiado. Por el contrario, me aceptaron y facilitaron nuestra interacción. Ahora ellos eran el disolvente en el que yo debía disolverme. De nuevo envuelto en un proceso que requería adaptación.

Capítulo 28
Papá muere

Orlando--- *Papá, te estás muriendo.*

Es todo lo que podía pensar.

Era el invierno de 1964. Todos estábamos felices y contentos con la vida que teníamos en Madrid. Habían pasado cuatro rápidos meses para Humberto y para mí desde que llegamos a la capital española a principios de septiembre de 1963. Ya estábamos en marcha con nuestro primer año en la escuela de medicina. Para entonces, sabíamos lo suficiente sobre la ciudad como para movernos a nuestra voluntad y no perdernos, y era más fácil mezclarnos con los madrileños. Muchos lugares que visitamos comenzaron a sentirse familiares. Bares de tapas, cafeterías y restaurantes, cines, clubes de jazz, museos, grandes almacenes y casas de fraternidad se convirtieron en paradas frecuentes cuando no estábamos estudiando.

Madrid tenía tantas cosas que ofrecer. El Museo del Prado, famoso en todo el mundo por su majestuosa arquitectura y sus impresionantes colecciones permanentes de Velázquez, Goya, El Greco, Murillo, Picasso, Dalí y muchos otros. Su río (Río Manzanares), El Parque del Retiro, y múltiples plazas llenas de energía y gente encantadora. Mucha gente andando por las aceras entre mesas y sillas ocupadas por el público.

La Puerta del Sol, justo en el centro de Madrid, un hito geopolítico de la ciudad y posiblemente la plaza más concurrida de España, es donde todos los trenes subterráneos entran y salen en la estación central de transferencia de 5 pisos. También es desde donde se miden todas las distancias de carretera Norte, Sur, Este y Oeste, en la península ibérica desde la época de los romanos, el "punto cero" de La Península Ibérica."

La historia parecía ser más relevante en Europa que en los Estados Unidos. La icónica estatua del Oso de Bronce en el centro de La Puerta del Sol está rodeada por el resto de la ciudad que se extiende ondulando, como una roca golpeando el agua, transfiriendo su energía a los alrededores y hacia la totalidad del país. Durante los siguientes tres años, papá trabajó incansablemente. En Madrid, abrió varios negocios en ese corto lapso. En servicio continuo a sus compatriotas, otros exiliados cubanos que llegaban directamente de Cuba en circunstancias extremas, pasó días y semanas en la Embajada de los Estados Unidos ayudándoles a obtener visas para viajar a su destino, los Estados Unidos.

Orlando--- *Mamá, me voy a la Embajada con Papá.*
Mamá--- *Tengan cuidado. No se demoren.*
Orlando--- *Papá, ¿nos vamos en tranvía?*

Después del metro o el tren, los tranvías ferroviarios brindaban el segundo modo de transporte más popular en Madrid. Adoraba los trenes, especialmente los sonidos de acero sobre acero chirriando en las calles empedradas de adoquines de la capital. La brisa a través de las ventanas de vidrio abiertas gritando ruidosamente en cada ráfaga mientras los viejos marcos de madera rebotaban en piezas de acero ligeramente dobladas, chirriando en cada parada. Las paradas frecuentes garantizaban que el viaje fuera cada vez más interesante, dando a todos tiempo para mirar a los que entraban y salían del vagón.

Al llegar a la Embajada, papá se bajó primero, sosteniendo la manija de la puerta con una mano y su bastón con la otra. Armado con una sonrisa, me miró y exclamó:

Papá--- *Orlando, ya llegamos. Estamos un poco tarde-*
Orlando--- *¿Tarde?*
Papá--- *El Señor García*—sin relación con nosotros---*nos está esperando.*

Cónsul General en la Embajada de Estados Unidos en Madrid, García estuvo durante muchos años a cargo de todo el tráfico legal de personas entre España y Estados Unidos.

Orlando--- Papá, ¿él está a cargo de la Embajada?
Papá--- No. El embajador estadounidense está a cargo. El Señor García es responsable de la emisión de visas para ingresar a los Estados Unidos.

Cuando entramos en el enorme vestíbulo, papá, como siempre hacía, miró a su derecha, luego a su izquierda. Por lo general, encontraba a alguien que conocía, pero con mayor frecuencia alguien que conocía a papá le veía antes y se acercaba para hablar con él. Papá disfrutaba ayudando a los demás y sabía que este breve retraso le daría a una persona necesitada la oportunidad de acercarse a él. Una vez juntos, la persona que buscaba ayuda, sintiendo la necesidad de brevedad de papá, generalmente hablaba mucho de lo que necesitaba decir en segundos, como un "discurso de ascensor".

Exiliado cubano--- *Sr. Garcia, me llamo "fulano de tal" y necesito su ayuda en ésto o aquéllo.*

Una mirada, luego un aliento, y seguía hablando con la misma rapidez,

Exiliado cubano--- *Somos ocho, cuatro adultos, tres niños y un bebé.*

Papá le preguntó cuánto tiempo él y su familia habían estado esperando allí, mientras tomaba en mano los papeles y fotos del hombre y todos los artículos relevantes de inmigración para mostrárselos al Señor García.

Señor Garcia--- *Hola Humberto. Ya veo que tienes algo para mí. Sé que esa familia lleva aquí cuatro o cinco días. Como vés, estamos muy ocupados.*
Papá--- *Llevan tres días sin comer más que un bocadillo para cada uno de los adultos al mediodía. Los niños y el bebé bebieron un poco de leche esta mañana, pero sólo una manzana ayer. Tenemos que hacer algo hoy a más tardar, antes de que se enfermen.*
Señor Garcia---*Hoy mismo me pongo a trabajar en ello.*

A la salida...

Papá--- *Orlando, esta noche vamos al aeropuerto a llevar ropa y abrigos a los exilados que llegan por avión a Barajas.*

Mi padre continuó sus actividades comerciales, mientras que mi hermano y yo nos mantuvimos ocupados con la escuela y otros quehaceres. A medida que comenzamos a buscar actividades de ocio para llenar nuestro tiempo fuera de las clases y el estudio, los deportes volvieron a encontrar máxima prioridad en nuestra lista de tareas pendientes.

* * * * *

El *béisbol* comenzó como un deporte relativamente nuevo en España, gracias a los descendientes de inmigrantes de Cuba. Lo trajeron consigo cuando Cuba dejó de ser una colonia española. El apogeo del béisbol en España fue en las décadas de 1950 (después de la Guerra de Corea) y 1960. Debido al interés masivo en el *fútbol*, muchos clubes de béisbol no sobrevivieron en la década de los '70. Múltiples canales de televisión se centraron en la transmisión de juegos de futbol de la Liga Nacional de Fútbol de Primera División Española, "La Liga", su deporte nacional. No era razonable esperar el cambio masivo del público para abrazar un deporte relativamente nuevo. Uno de los pocos sobrevivientes de la experiencia temprana del *béisbol* fue el CB Viladecans; su campo fue utilizado oficialmente durante los Juegos Olímpicos de Verano de 1992 en Barcelona.

En la Ciudad Universitaria, el único deporte ofrecido era el rugby, jugado en el estadio de la Universidad ubicado detrás de la Casa do Brasil. La lista de [Medicina] de nuestro equipo incluía solo participantes extraídos del cuerpo estudiantil. Después de haber jugado fútbol americano en la escuela secundaria, un deporte similar al rugby con reglas comparables y una pelota de cuero de forma oblonga, Humberto y yo sobresalimos de inmediato. Pero el béisbol era donde estaban nuestros corazones.

Comenzamos a hacer preguntas a familiares y estudiantes, en bares y taxis, en cualquier lugar al que fuéramos. Nadie había oído hablar de una liga oficial de béisbol en la ciudad. No había Google para hacer la pregunta y obtener una respuesta.

Orlando--- Sabíamos que tarde o temprano estaríamos jugando béisbol.

El fantasma de Humberto--- No había duda; si el deporte existía en España o no, era irrelevante. Sabíamos que papá nos ayudaría.

Un día, mientras compraba en los grandes almacenes más grandes de Madrid, El Corte Inglés, conocimos a uno de los empleados del departamento de deportes que dijo que llevaban artículos de béisbol. ¡Voilá! ¡Había béisbol en España! Humberto y yo comenzamos a llamar a los fanáticos locales del béisbol.

Todas las bases militares estadounidenses ubicadas por el mundo juegan béisbol entre ellas y participan en una liga competitiva regional propia. Y había una en Madrid. El comandante militar en jefe estacionado en la Base Aérea de Torrejón, en las afueras de Madrid, revisó el plan que presentamos para desarrollar una liga de béisbol. Impresionado con dos adolescentes enamorados del "pasatiempo nacional" de Estados Unidos, se ofreció y cumplió su promesa de ayudar.

Luego visitamos Galerías Preciados, en ese momento la tienda departamental más grande del país. Su propietario, José "Pepín" Fernández (Galerías Preciados) y Ramón Areces (El Corte Inglés) habían sido aficionados al béisbol en Cuba. Conocían bien a papá. Organizamos una visita. Ambos quedaron lo suficientemente impresionados con nuestra juventud, vitalidad y amor por el deporte como para comprometer su apoyo incondicional a nuestro plan. Suministros y equipo, bates y pelotas, guantes y uniformes, incluidas las puntas o "spikes", todo gratis sin solicitud de reembolso. Realizamos sesiones de práctica en Ciudad Universitaria y poco después en el nuevo Estadio de Béisbol, construido con su dinero, para la nueva Liga de Béisbol Copa del Rey.

Nuestros esfuerzos renacieron un deporte que había sido desatendido por la Federación Nacional Española de Béisbol. Humberto hizo varios viajes a la República Dominicana para reclutar jugadores. El interés nacional se extendió y el éxito inmediato siguió adelante.

El fantasma de Humberto--- *El Campeonato de España, Copa del Generalísimo, se llevó a cabo entre los meses de Julio y Octubre 1963, tres meses antes de nuestra llegada a España, y se acordó que la primera eliminatoria fuera de carácter regional. Finalmente, se jugó en Cataluña (Barcelona).*

La Elipa, un suburbio de Madrid fue el hogar del estadio que había sido construido exclusivamente para el béisbol español. Su construcción siguió las especificaciones hacia ese propósito. Las gradas estaban hechas de cemento de hormigón, con capacidad para quinientos espectadores, bajo techo. El campo tenía el césped de alta calidad y la mejor arena en el interior del campo, cuidada a la perfección y mantenida impecablemente por jardineros profesionales para los juegos semanales. Se instalaron lámparas gigantes, halogenuros metálicos, la fuente de luz de campo más utilizada para los estadios de las Grandes Ligas de Béisbol en los Estados Unidos y Canadá, permitiendo juegos nocturnos.

Los días de apertura fueron el 29 y 30 de junio de 1964. El nuevo campo de béisbol, primero de su tipo en España, programó cuatro equipos importantes para competir en una doble cartelera en el Día Inaugural: el Castilla y el Cataluña All-Stars, y otros dos equipos representaban uno, a la Base del Ejército Aéreo de Torrejón de Ardoz (Equipo Ridder), y un cuarto equipo a la Base del Ejército del Aire de Zaragoza (Equipo Matador).

Rápidamente, La Elipa se convirtió en nuestro (Campo de Sueños) Field of Dreams Español. Así sucedió que el béisbol ya estaba vivo en España cuando llegamos, pero mejoramos el deporte con un tremendo esfuerzo impulsado por nuestro amor por el juego. Humberto jugó la segunda base para El Corte Inglés durante el 1964 y 1970, su equipo ganó tres Campeonatos Nacionales de División 1, y yo jugué la tercera base para el Rayo Vallecano, ganando el Campeonato Nacional de la División 2 en Vigo, Galicia en 1968.

El fantasma de Humberto--- *¿Sabes qué? Aquí en La Elipa jugarán niños y viejos, y vendrán deportistas de todas partes de España y el Caribe a aprender y a enseñar como jugar pelota. Tenemos que empezar a buscar promotores en los colegios y tiendas por departamento. ¿Verdad Papá?*

* * * * *

En noviembre de 1966, en medio de nuestra gloria de béisbol, papá se presentó en la sala de emergencias del Hospital Universitario local con un dolor abdominal agudo severo acompañado de vómitos. Fue llevado inmediatamente a la sala de operaciones donde una laparotomía exploratoria revelo obstrucción intestinal. Durante varios meses tuvo tos con esputo sanguinolento, probablemente un signo clínico de un cáncer de pulmón ya metastásico, pero los cirujanos y el patólogo no pudieron detectarlo. Fue una verdadera Navidad de mierda, pero no teníamos idea de que sería su última.

Llevamos a papá a ver a un cirujano cardiotorácico, el Dr. Martínez Bourdieú, que estaba casado con la hija del Generalísimo Francisco Franco. Miró la radiografía de tórax de papá tomada ese día y nos mostró a Humberto y a mí la película sabiendo que ambos éramos estudiantes de medicina y probablemente podríamos leerla. A primera vista, no pude ver nada significativo, pero luego, miré un poco más de cerca cuando el médico me preguntó si papá se había tomado una radiografía de tórax antes.

Papá--- Sí, me hicieron una radiografía de tórax en noviembre cuando me operaron, y tal vez dos meses antes, cuando me extirparon las amígdalas. El otorrinolaringólogo dijo que la sangre provenía de toser demasiado fuerte debido a la amigdalitis.

Después de revisar las radiografías una al lado de la otra, pudimos ver que en septiembre ya había una sombra, con un crecimiento significativo en el tamaño de una masa pulmonar que aparecía en el lóbulo superior izquierdo con mal pronóstico: una alta probabilidad de malignidad. Papá era un fumador empedernido desde su adolescencia, y ahora ese hábito estaba a punto de matarlo.

Una llamada vino de la casa de Tío Quico en Texas. El Dr. David (Quico) Almeyda era uno de los anestesiólogos del Dr. Denton Cooley, cirujano cardíaco y cardiotorácico estadounidense, famoso por realizar la primera implantación de un corazón artificial total. Cooley fue fundador y cirujano en jefe del Instituto del Corazón de Texas, y jefe de Cirugía Cardiovascular en Baylor St. Luke's Medical Center en Houston. Enseguida se ofreció a manejar el caso de papá. Humberto y mamá llevaron a papá a Houston. Mi hermano me llamó ese día para darme detalles y las malas noticias de la biopsia de pulmón. Me dijo que papá estaba terriblemente enfermo y que no le quedaba mucho tiempo de vida. "El tumor es un cáncer de pulmón metastásico, y se ha extendido por toda su cavidad torácica", dijo sollozando.

El fantasma de papá--- Paramos en Miami, de camino a casa en Madrid para despedirnos de nuestra familia allí.

Tres meses de radiación de cobalto en la Clínica Ruber de Madrid, y papá se había ido. Durante sus últimos días, el Dr. Cooley lo visitó en la clínica madrileña donde estaba ingresado. Fue una hazaña increíble que Humberto y yo logramos siguiendo a Cooley y al marqués de Villaverde (Dr. Martínez Bourdieú) a lo largo de la gira VIP de la capital, a través de Madrid a altas horas de la noche, hasta su habitación de hotel, y llamando a la puerta del cirujano, y luego invitándolo a "hacer rondas" a papá. A la mañana siguiente, el mundialmente famoso cirujano estadounidense estaba junto a su cama.

El fantasma de papá--- Sabía que me estaba muriendo el día que nos fuimos a Houston.
Orlando--- ¿Por qué tuviste que morir tan joven?
El fantasma de papá--- Sólo Dios conoce tu último día en la tierra.
El fantasma de mamá--- *Nadie se muere en la víspera.*
Orlando--- No podíamos soportar tu dolor, los gritos, el sufrimiento. Te escuché a través de la pared del dormitorio separando tu cama de la mía.
El fantasma de papá--- Mi dolor era severo. La morfina se convirtió en mi mejor amiga.
Orlando--- ¿Qué hay de tu alma?
El fantasma de papá--- Tenía a Jesucristo en mi corazón. Sin temor a perder mi vida, sino certeza absoluta de mi salvación.

Eliminé todos mis pecados y mantuve una determinación de morir en paz con nuestro Señor.

El fantasma de Humberto--- Fue un infierno, sufrir tu tormento en paralelo con el miedo de saber que ahora era responsable de todas las necesidades financieras de la familia.

El fantasma de mamá--- *Para mí, el sufrimiento fué profundo y duradero. Estaba físicamente agotada después de seis meses de noches de insomnio y días terribles.*

Orlando--- Mamá.

Su sufrimiento fue transferido directamente a Madre. Aquellos de nosotros que estábamos físicamente presentes en ese momento, vimos al moribundo de manera diferente: cerca y personalmente, vimos al hombre, no la condición. Aquellos que lo amaban desde lejos, físicamente desapegados, vieron la condición como un evento terminal, recordando e imaginando al hombre que conocían tan bien y admiraban sinceramente.

El fantasma de mamá--- *Olía su cuerpo en descomposición mientras cada órgano le fallaba. Él compartió mi dolor al sentir su finalidad. La tristeza era abrumadora, pero tuve que contener las lágrimas y llorar en silencio.*

El fantasma de papá--- *Tenía miedo, pero alzaste mi determinación de abrazar a Jesús, fortaleciste mi fé y me abrazaste sujetando mi mano.*

Nuestra fe movió montañas. Nuestra cultura y comportamiento social nos permitieron comportarnos con dignidad sin aislamiento ni vergüenza.

A los cubanos les gusta participar en pequeñas charlas y mezclarse, hacer luz de la oscuridad; *"hacer de tripas corazón"*. Sin embargo, las preguntas fundamentales sobre la existencia, el conocimiento, los valores, la razón, la mente y la sabiduría ya no importaban tanto después de que mi padre falleció. Sólo el espíritu parecía relevante. Los argumentos filosóficos, los eventos y planes actuales y futuros se volvieron irrelevantes. La certeza de las imágenes de la muerte estableció un denso nublado que cubría pensamientos razonables. La pesadez en nuestros corazones previó el tormento que seguiría a su enfermedad terminal.

Mi padre murió a los cuarenta y dos años en Madrid, España, enviudando a mi madre durante los siguientes cuarenta y tres años hasta su muerte en Pensacola, Florida, a los ochenta y cinco años. Sin embargo, disfrutaron de un romance relativamente corto de veinte años en La Habana, Miami y Madrid. Rebosante de amor y respeto, y también de dolor y lágrimas, así como de alegría y felicidad, mi madre lo extraño todos los días por el resto de su vida, a menudo mencionando su nombre para contar historias.

La muerte de papá significó que no pude verlo ni hablar con él, ni tocarlo, ni sentir su presencia física cerca nunca más. Que, aunque él está lejos, está en mi corazón, en mis pensamientos y en mi vida. A menudo hago una pausa en lo que sea que esté haciendo para tomar un recuerdo de nuestro tiempo juntos. Estoy seguro de que él está haciendo lo mismo, mirando por encima de mi hombro, empujándome suavemente sobre cada obstáculo que la vida coloca en mi viaje.

La tragedia de vivir es saber que llegará un día en que aquellos que amas y te han amado ya no estarán cerca, en especial cuando realmente los necesites. En mi caso, nuestra relación padre-hijo era tan pura y completa, tan inspiradora y educativa, tan humana y cálida, y tan increíblemente hermosa, que su huella en la arena dejada a mi lado mientras camino por la playa, proporciona toda la confianza que necesito para sentirme bendecido.

Orlando--- Buenas noches, papá.
El fantasma de papá--- Buenas noches, Superboy.

Capítulo 29
Regreso al Flamingo Park

Hace unos años, mi hija, Carolina, y su esposo, Vivek Jayaram, se mudaron a Miami Beach, FL. Poco después, registraron a su hijo, Rafa, en el béisbol en Flamingo Park. Estoy en el parque para ver jugar a mi nieto. Los fuertes vientos embotan la recepción de ondas sonoras en la aplicación de "grabadora de voz" de mi iPhone. No es fácil grabar una conversación juguetona entre los padres, sentados en las gradas de un campo de béisbol ventoso al aire libre; entrenadores gritando instrucciones a los jugadores, y niños gritándose a sí mismos y entre ellos.

Apenas podía distinguir palabras y sonidos de aliento y vítores, murmullos sin parar de padres y entrenadores; destinado a elevar a sus hijos jugando T-Ball. El campo es bien conocido por mí, Flamingo Park, mi antiguo patio de recreo en South Beach (SOBE).

Orlando--- Hola, Humberto. Es genial que papá y mamá eligieron mudarse aquí. Qué gran idea fue establecerse en un lugar tan grande poco después de llegar a los Estados Unidos.
El fantasma de Humberto---Sí, recuerdo cuando llegamos a 24 Española Way; nuestra casa respaldada por el parque.
Orlando--- Un salto corto sobre una valla encadenada y estábamos en el parque jugando.
El fantasma de Humberto--- Una casa antigua, un poco pequeña para una familia de seis, pero suficiente para vivir cómodamente.

Orlando--- Lo sé, disfrutamos estar tan cerca del parque y de la escuela.

El fantasma de Humberto--- ¿Recuerdas? Jugábamos fútbol americano, béisbol e íbamos a nadar.

Orlando--- Piscina increíble, como la de Miramar.

El fantasma de Humberto--- ¿Recuerdas Ida M. Fisher?

Orlando--- ¿Qué?

El fantasma de Humberto--- La escuela a la que asistimos.

Orlando--- A dos cuadras de casa.

El fantasma de Humberto--- ¿Qué estás haciendo en Flamingo Park?

Orlando--- Trajimos a Rafa a jugar béisbol.

El fantasma de Humberto--- ¿Quién es Rafa?

Orlando--- el primogénito de Vivek.

El fantasma de Humberto--- ¿Quién es Vivek?

Orlando--- El esposo de Carolina. Tienen un pequeño diablo gordo al que llamamos "el Gordo" pero su nombre es romano. Se llama "Roman".

El fantasma de Humberto--- Me gusta ese nombre.

Orlando--- Siempre soñaste que tus hijos serían emperadores.

El fantasma de Humberto--- Tienes razón; no eres el único soñador entre nosotros.

Orlando--- Estaba recordando las veces que jugábamos pelota en las Pequeñas Ligas.

El fantasma de Humberto--- Hace sesenta años.

Orlando--- Toda una vida.

Por desgracia, realmente fue toda una vida para él, su muerte llegó en Acción de Gracias de 2007, a la edad de sesenta y dos años. Vivek está hablando con Mónica, la esposa del entrenador. El entrenador, Luis ha sido voluntario para el Departamento de Parques y Recreación de la Ciudad de Miami Beach durante varios años, en apoyo de su amor por el béisbol.

Orlando--- El padre de Luis fue a la escuela en Mid-Beach en St Patrick's Catholic.
El fantasma de Humberto--- ¿Le preguntaste sobre Bob Dowling? Si yo estuviera allí, le preguntaría sobre Dowling.
Orlando--- Era una bestia.
El fantasma de Humberto--- Nadie en la ciudad podía robar la segunda base cuando estaba detrás del plato. Un bateador de poder bateaba un jonrón cada dos juegos.
Orlando--- Solo perdimos tres partidos bajo el entrenador Bertman.
El fantasma de Humberto--- Sí, Skip fue el mejor.

El entrenador Bertman (Skip) llevó al equipo de béisbol LSU Tigers a cinco campeonatos de la Serie Mundial Universitaria y siete campeonatos de la Conferencia del Sureste (SEC) en dieciocho años como entrenador.

Orlando--- Estabas entrenando para esa beca que ganaste en la UM.

Humberto ganó una beca de béisbol para jugar la segunda base de la Universidad de Miami, uno de los equipos mejor clasificados del país.

Orlando--- Mónica, tu padre, ¿fue a St. Patrick's?

Mónica es la esposa de Luis.

Mónica--- No, ese era el padre de Luis.

Risas, suspiros y más risitas desde el campo. Todos los niños se divierten mucho; los jugadores, así como los padres, están viendo a sus hijos pequeños jugar con uniformes oficiales, con el nombre del patrocinador bordado en la parte posterior. La liga está organizada y dirigida por la ciudad. Todos los entrenadores también están arbitrando. Es la parte baja de la tercera entrada.

Vivek--- ¿Cuál es la puntuación?

Mónica--- No estoy segura. Creo que han anotado cinco carreras.

Luis--- Sí, van once a cinco. Estamos ganando.

Susurraba en el iPhone para que otros no se dieran cuenta de que estaba grabando - se sentí extraño.

Padre--- Vamos Joey, ¡mira la pelota! ¡No apartes la vista de ella! ¡Golpéala! ¡Corre a la primera base!

Padre--- ¡Vamos Tommy! ¡Vamos, Kenny, presta atención! ¡Muévete a tu derecha! ¡Un poco más! ¡Eso es todo!

Vivek--- Rafa está listo para batear. ¡¡RAFA!! ¡Mira la mano del lanzador sosteniendo la pelota! ¡Míralo, está dejando su mano! ¡Mantén tus ojos en él! je, je.

Orlando--- ¿Cuánto tiempo han estado haciendo esto?

Mónica--- Unos tres años. ¿Verdad Luis?

Luis--- Así es.

Orlando--- ¿Cuáles son las edades para "T-Ball"?

Mónica--- Cuatro a siete. Luego, después de eso, "Coach Pitch".

Orlando--- ¿Son ocho a diez?

Rafa llegó a la primera base, robó la segunda, y el siguiente bateador lo trajo a casa con un doble.

Ahora a la defensa, Rafa recorre el campo con la mirada. La pelota es golpeada por el bateador hacia el lanzador, rebotando en su pierna para rodar hacia Rafa jugando tercera base. Rafa la recoge, se le escapa, la busca a tientas y luego lo recoge de nuevo; se da la vuelta, corre a tercera para etiquetar al corredor, y pisa la base, pero llega tarde. Todo el mundo está a salvo.

Ahora a la parte inferior de la última entrada. Rafa batea un doble, luego pasa a tercera con el siguiente sencillo del bateador. Soy el entrenador de tercera base.

Orlando--- Rafa, ¿qué vas a hacer ahora? ¿Estás observando al lanzador o al bateador?
Rafa--- ¿Qué quieres decir, Abo?
Orlando--- ¿Qué harás cuando el bateador golpee la pelota? ¡Prestad atención! Debes correr a home en el momento en que escuches que el bate golpea la pelota.

Rafa levanta los ojos para mirarme. El bate golpea la pelota cuando estaba terminando mi charla instructiva. Ahora, ahora, corre, ¡¡¡corre!!!

Rafa vuelve a marcar. Ha cruzado el plato tres veces... Un grupo de niños con uniformes de béisbol jugando y divirtiéndose.

Entonces, me golpeó.

Estuve aquí antes.

Epílogo

En este trabajo, a menudo comienzo cada capítulo con la historia de mi infancia desde la perspectiva de mi madre. Sin duda, ella influyó mucho en mi escritura. Ya sabes su nombre, y todos los demás personajes, y los comentarios sobre Dios, la fe, las relaciones y la persecución de fantasmas; política; nuestro amor por la música y los deportes; la triple personalidad; conectividad fraternal; apegos y desprendimientos; muerte, dolor y perdón; ira y abuso; la necesidad de límites; inmigración, esclavitud y racismo; amistad y traición, deslealtad y el consiguiente trauma de ser víctima de la falsedad, la duplicidad y el engaño; cambiar de un estilo de vida a otro, y mudarse hacia y desde diferentes países; idioma y cultura; psicología social; ganar y perder; dependencia familiar, conexiones y comportamiento disfuncional; todo a través del dolor y la alegría de vivir.

Esta es mi historia. Un niño cubano buscando y encontrando a su superhéroe: él mismo.

Referencias

1. **Superboy y Superman:** colaboradores de Wikipedia. (24 de julio de 2021). Superhombre. En Wikipedia, La Enciclopedia Libre. Consultado el 21:43, 24 de julio de 2021, de los colaboradores de Wikipedia. (2021, 19 de abril). ... **Prefacio**

2. **Familia**: Colaboradores de Wikipedia. (22 de julio de 2021). Familia. En Wikipedia, La Enciclopedia Libre. Recuperado 22:09, 25 de julio de 2021, de los colaboradores de Wikipedia. (2021, 19 de abril). Historia de la Santería. En *Wikipedia, La Enciclopedia Libre*. Recuperado 16:55, 30 de septiembre de 2021, de https://en.wikipedia.org/w/index.php?title=History_of_Santer%C3%ADa&oldid=1018696306 ... **Prefacio**

3. **Adjunto codependiente:** Adjunto codependiente. Psicología Hoy. Colaboradores de Wikipedia. (2021, 19 de abril). Historia de la Santería. En *Wikipedia, La Enciclopedia Libre*. Recuperado 16:55, 30 de septiembre de 2021, de https://en.wikipedia.org/w/index.php?title=History_of_Santer%C3%ADa&oldid=1018696306 ... **Capítulo 5**

4. **La Revolución Americana:** colaboradores de Wikipedia. (2021, 9 de julio). Revolución Americana. En Wikipedia, La Enciclopedia Libre. Recuperado 21:41, 24 de julio de 2021, de los colaboradores de Wikipedia. (2021, 19 de abril). Historia de la Santería. En *Wikipedia, La Enciclopedia Libre*. Recuperado 16:55, 30 de septiembre de 2021, de https://en.wikipedia.org/w/index.php?title=History_of_Santer%C3%ADa&oldid=1018696306 ... **Capítulo 5**

5. **La Declaración de Independencia de los Estados Unidos**: colaboradores de Wikipedia. (22 de julio de 2021). Declaración de Independencia de los Estados Unidos. En Wikipedia, La Enciclopedia Libre. Recuperado 21:40, 24 de julio de 2021 de los colaboradores de Wikipedia. (2021, 19 de abril). Historia de la Santería. En *Wikipedia, La Enciclopedia Libre*. Recuperado 16:55, 30 de septiembre de 2021, de https://en.wikipedia.org/w/index.php?title=History_of_Santer%C3%ADa&oldid=1018696306 ... **Capítulo 6**

6. **Declaración de Independencia de Cuba**: colaboradores de Wikipedia. (2021, 19 de septiembre). Historia de Cuba. En *Wikipedia, La Enciclopedia Libre*. Recuperado 16:22, 30 de septiembre de 2021, de https://en.wikipedia.org/w/index.php?title=History_of_Cuba&oldid=1045163047 ... **Capítulo 6**

7. **Guerra de Independencia de Cuba:** colaboradores de Wikipedia. (2021, 12 de septiembre). Guerra de Independencia de Cuba. En *Wikipedia, La Enciclopedia Libre*. Consultado el 30 de septiembre de 2021 a las 16:29 de los colaboradores de Wikipedia. (2021, 19 de abril). Historia de la Santería. En *Wikipedia, La Enciclopedia Libre*. Recuperado 16:55, 30 de septiembre de 2021, de https://en.wikipedia.org/w/index.php?title=History_of_Santer%C3%ADa&oldid=1018696306 ... **Capítulo 6**

8. **Jose Martí:** colaboradores de Wikipedia. (2021, 19 de abril). Historia de la Santería. En *Wikipedia, La Enciclopedia Libre*. Recuperado 16:55, 30 de septiembre de 2021, de https://en.wikipedia.org/w/index.php?title=History_of_Santer%C3%ADa&oldid=1018696306https://digitalcommons.unl.edu/journalismstudent/22 ... **Capítulo 6**

9. **Constitución de Cuba de 1902:** colaboradores de Wikipedia. (28 de septiembre de 2021). Cuba. En *Wikipedia, La Enciclopedia Libre*. Consultado el 30 de septiembre de 2021 a las 16:41 de los colaboradores de Wikipedia. (2021, 19 de abril). Historia de la Santería. En *Wikipedia, La Enciclopedia Libre*. Recuperado 16:55, 30 de septiembre de 2021, de https://en.wikipedia.org/w/index.php?title=History_of_Santer%C3%ADa&oldid=1018696306 ... **Capítulo 6**

10. **Alemania nazi:** colaboradores de Wikipedia. (22 de julio de 2021). Alemania nazi. En Wikipedia, La Enciclopedia Libre. Consultado el 21:38 del 24 de julio de 2021 de los colaboradores de Wikipedia. (2021, 19 de abril). Historia de la Santería. En *Wikipedia, La Enciclopedia Libre*. Consultado el 30 de septiembre de 2021 a las 16:55 de https://en.wikipedia.org/w/index.php?title=History_of_Santer%C3%ADa&oldid=1018696306 . .. **Capítulo 6**

11. **La revuelta del Sargent:** colaboradores de Wikipedia. (29 de diciembre de 2019). Revuelta de los sargentos. En Wikipedia, La Enciclopedia Libre. Consultado el 21:37, 24 de julio de 2021, de colaboradores de Wikipedia. (2021, 19 de abril). Historia de la Santería. En *Wikipedia, La Enciclopedia Libre*. Recuperado 16:55, 30 de septiembre de 2021, de https://en.wikipedia.org/w/index.php?title=History_of_Santer%C3%ADa&oldid=1018696306 ... **Capítulo 6**

12. **Constitución de Cuba:** colaboradores de Wikipedia. (2021, 5 de junio). Constitución de Cuba de 1940. En Wikipedia, La Enciclopedia Libre. Consultado a las 21:50 del 24 de julio de 2021 de los colaboradores de Wikipedia. (2021, 19 de abril). Historia de la Santería. En *Wikipedia, La Enciclopedia Libre*.

Recuperado 16:55, 30 de septiembre de 2021, de https://en.wikipedia.org/w/index.php?title=History_of_Santer%C3%ADa&oldid=1018696306 ... **Capítulo 6**

13. **Fulgencio Batista:** Colaboradores de Wikipedia. (2021, 21 de julio). Fulgencio Batista. En Wikipedia, La Enciclopedia Libre. Recuperado 21:55, 24 de julio de 2021 de los colaboradores de Wikipedia. (2021, 19 de abril). Historia de la Santería. En *Wikipedia, La Enciclopedia Libre*. Recuperado 16:55, 30 de septiembre de 2021, de https://en.wikipedia.org/w/index.php?title=History_of_Santer%C3%ADa&oldid=1018696306 ... **Capítulo 6**

14. **Santería y folclore cubano:** colaboradores de Wikipedia. (2021, 19 de abril). Historia de la Santería. En *Wikipedia, La Enciclopedia Libre*. Consultado el 30 de septiembre de 2021 a las 16:55 de los colaboradores de Wikipedia. (2021, 19 de abril). Historia de la Santería. En *Wikipedia, La Enciclopedia Libre*. Recuperado 16:55, 30 de septiembre de 2021 de https://en.wikipedia.org/w/index.php?title=History_of_Santer%C3%ADa&oldid=1018696306 ... **Capítulo 6**

15. **Comprender la codependencia:** qué es la codependencia y qué no es | Psychology Today https://www.psychologytoday.com/us/blog/healthyconnections/201507/what-codependency-is-andwhat-it-isn ... **Capítulo 1**

16. **Eric Berne:** Colaboradores de Wikipedia. (2021, 8 de junio). Eric Berna. En Wikipedia, La Enciclopedia Libre. Recuperado 22:05, 24 de julio de 2021, de https://en.wikipedia.org/w/index.php?title=Eric_Berne&oldid=1027608800 ... **Capítulo 1**

17. **Alfred E. Neuman:** Colaboradores de Wikipedia. (2021, 11 de julio). Alfred E. Neuman. En Wikipedia, La Enciclopedia Libre. Consultado el 23:29, el 24 de julio de 2021, de https://en.wikipedia.org/w/index.php?title=Alfred_E._Neuman&oldid=1033040535 ... **Capítulo 11**

18. **Landmark Worldwide:** Colaboradores de Wikipedia. (24 de julio de 2021). Punto de referencia en todo el mundo. En Wikipedia, La Enciclopedia Libre. Consultado el 23:32, 24 de julio de 2021, **Capítulo 11**

19. **Club Náutico Miramar:** Club Náutico Miramar, Cuba. Miramar Yacht Club Ernestico Martín a. 2000 - 2012 MYC. © Última revisión: 22 de enero de 2015. ... **Capítulo 12**

20. **Academia Militar de Culver:** Campamento de verano de Culver. https://www.culver.org/summer/camps-available/woodcraft-camp ... **Capítulo 14**

21. **Juan Manuel Fangio:** colaboradores de Wikipedia. (2021, 21 de julio). Juan Manuel Fangio. En Wikipedia, La Enciclopedia Libre. Recuperado 10:53, 25 de julio de 2021, de https://en.wikipedia.org/w/index.php?title=Juan_Manuel_Fangio&oldid=1034627082 ... **Capítulo 15**

22. **Escuela Graham Eckes:** Historia de Palm Beach: Escuela Graham-Eckes. https:// www.palmbeachdailynews.com/lifestyle/ ... **Capítulo 1**

23. **El último ferry a la libertad:** las imágenes de la década de 1960 muestran el último ferry que sale de Cuba hacia los Estados Unidos https://www.nbcnews.com/video/1960sfootage-shows ... **Capítulo 18**

24. **Los Milicianos, Movimiento 26 de Julio: Colaboradores de** Wikipedia. (2021, 20 de julio). Movimiento 26 de Julio. En Wikipedia, La Enciclopedia Libre. Recuperado 22:02, 24 de julio de 2021, de https://en.wikipedia.org/w/index.php?title=26th_of_July_Movement&oldid=1034610098 ... **Capítulo 19**

25. **Comités de Defensa de la Revolución:** En Wikipedia, La Enciclopedia Libre. Recuperado 11:51, 25 de julio de 2021, de https://en.wikipedia.org/w/index.php?title=Committees_for_the_Defence_of_the_Revolution&oldid=1022180159 ... **Capítulo 19**

26. **Operación Peter Pan:** colaboradores de Wikipedia. (2021, 31 de mayo). Operación Peter Pan. En Wikipedia, La Enciclopedia Libre. Consultado el 25 de julio de 2021 a las 12:00 de https://en.wikipedia.org/w/index.php?title=Operation_Peter_Pan&oldid=1026170908 ... **Capítulo 1**

27. **Wynwood:** Colaboradores de Wikipedia. (26 de junio de 2021). Wynwood. En Wikipedia, La Enciclopedia Libre. Recuperado 12:06, 25 de julio de 2021, de https://en.wikipedia.org/w/index.php?title=Wynwood&oldid=1030573668 ... **Capítulo 19**

28. **Jorge Duany:** Colaboradores de Wikipedia. (2021, 13 de julio). Jorge Duany. En Wikipedia, La Enciclopedia Libre. Recuperado 12:08, 25 de julio de 2021, de https://en.wikipedia.org/w/index.php?title=Jorge_Duany&oldid=1033460761 ... **Capítulo 19**

29. **El día que murió la música:** colaboradores de Wikipedia. (2021, 21 de julio). El día que la música murió. En Wikipedia, La Enciclopedia Libre. Recuperado 12:37, 25 de julio de 2021, de https://en.wikipedia.org/w/index.

php?title=The_Day_the_Music_Died&oldid=10346 53067 ... **Capítulo 20**

30. **Flamingo Park:** Colaboradores de Wikipedia. (2021, 6 de enero). Campo de flamencos. En Wikipedia, La Enciclopedia Libre. Consultado el 25 de julio de 2021 a las 12:51 de https://en.wikipedia.org/w/index.php?title=Flamingo_Field&oldid=998588660 ... **Capítulo 21**

31. **Miami Beach, Florida:** Colaboradores de Wikipedia. (23 de julio de 2021). Miami Beach, Florida. En Wikipedia, La Enciclopedia Libre. Consultado el 00:28, 26 de julio de 2021, de https://en.wikipedia.org/w/index.php?title=Miami_Beach,_Florida&oldid=1035034501 ... **Capítulo 21**

32. **Brigada 2506:** Colaboradores de Wikipedia. (2021, 15 de julio). Brigada 2506. En Wikipedia, La Enciclopedia Libre. Consultado el 25 de julio de 2021 a las 13:10 de https://en.wikipedia.org/w/index.php?title=Brigade_2506&oldid=1033763714 ... **Capítulo 21**

33. **Judíos asquenazíes:** Colaboradores de Wikipedia. (2021, 19 de julio). Judíos asquenazíes. En Wikipedia, La Enciclopedia Libre. Consultado el 25 de julio de 2021 a las 13:09 de https://en.wikipedia.org/w/index.php?title=Ashkenazi_Jews&oldid=1034380033 ... **Capítulo 21**

34. **MBSHS:** Colaboradores de Wikipedia. (29 de junio de 2021). Miami Beach Senior High School. En Wikipedia, La Enciclopedia Libre. Recuperado 13:13, 25 de julio de 2021, de https://en.wikipedia.org/w/index.php?title=Miami_

Beach_Senior_High_School&oldid=1030971530 ... **Capítulo 22**

35. **Pensamiento crítico:** Colaboradores de Wikipedia. (2021, 5 de junio). En Wikipedia, La Enciclopedia Libre. Recuperado 21:45, 24 de julio de 2021, de https://en.wikipedia.org/w/index.php?title=Critical_thinking&oldid=1027056587 ... **Capítulo 25**

36. **Católico romano:** Colaboradores de Wikipedia. (2021, 9 de julio). Católico romano (término). En Wikipedia, La Enciclopedia Libre. Recuperado 15:08, 25 de julio de 2021, de https://en.wikipedia.org/w/index.php?title=Roman_Catholic_(term)&oldid=10327012 73 ... **Capítulo 25**

37. **Institución Católica:** Colaboradores de Wikipedia. (2021, 16 de julio). Iglesia Católica. En Wikipedia, La Enciclopedia Libre. Consultado el 25 de julio de 2021 a las 15:02 de https://en.wikipedia.org/w/index.php?title=Catholic_Church&oldid=1033928383 ... **Capítulo 25**

38. **Los Hermanos de La Salle:** El Exilio de los Hermanos De La Salle. Artículo-Reportaje Andrés Valdespino http://delasallealumni.org/nuestroseducadores/HermanosDelaSalle-Exilio.pdf ... **Chapter 19**

39. **El Vedado:** (El Vedado). (2021, 1 de mayo). Wikipedia, El libre =135195249. Consultado el: 14:03, 25 de julio de 2021 desde https://es.wikipedia.org/w/index.php?title=El_Vedado&oldid ... **Capítulo 25**

40. **Resurrección:** Colaboradores de Wikipedia. (27 de junio de 2021). Resurrección. En Wikipedia, La Enciclopedia Libre. Recuperado 15:26, 25 de

julio de 2021, de https://en.wikipedia.org/w/index. php?title=Resurrection&oldid=1030699222 **... Capítulo 25**

41. **Tomás de Aquino:** Colaboradores de Wikipedia. (2021, 15 de julio). Tomás de Aquino. En Wikipedia, La Enciclopedia Libre. Consultado el 25 de julio de 2021 a las 15:30 de https://en.wikipedia.org/w/index.php?title=Thomas_Aquinas&oldid=1033778777 **... Capítulo 25**

42. **Europa:** Colaboradores de Wikipedia. (2021, 21 de julio). Europa. En Wikipedia, La Enciclopedia Libre. Recuperado 15:49, 25 de julio de 2021, de https://en.wikipedia.org/w/index.php?title=Europe&oldid=1034648021 **... Capítulo 25**

43. **Madrid:** Colaboradores de Wikipedia. (22 de julio de 2021). Madrid. En Wikipedia, La Enciclopedia Libre. Consultado el 25 de julio de 2021 a las 15:33 de https://en.wikipedia.org/w/index.php?title=Madrid&oldid=1034869307 **... Capítulo 25**

44. **Español castellano:** Colaboradores de Wikipedia. (2021, 18 de junio). Español castellano. En Wikipedia, La Enciclopedia Libre. Recuperado 15:36, 25 de julio de 2021, de https://en.wikipedia.org/w/index.php?title=Castilian_Spanish&oldid=1029262965 **... Capítulo 25**

45. **Museo del Prado:** Colaboradores de Wikipedia. (2021, 30 de junio). Museo del Prado. En Wikipedia, La Enciclopedia Libre. Recuperado 15:38, 25 de julio de 2021, de https://en.wikipedia.org/w/index.php?title=Museo_del_Prado&oldid=1031206752 **... Capítulo 25**

46. **Parque del Retiro:** Colaboradores de Wikipedia. (29 de abril de 2021). Parque del Buen Retiro, Madrid. En

Wikipedia, La Enciclopedia Libre. Recuperado 15:40, 25 de julio de 2021, de https://en.wikipedia.or/w/index.php?title=Parque_del_Buen_Retiro,_Madrid&oldid=1020546737 ... **Capítulo 25**

47. **Universidad Autónoma de Madrid:** Colaboradores de Wikipedia. (27 de mayo de 2021). Universidad Autónoma de Madrid. En Wikipedia, La Enciclopedia Libre. Recuperado 15:43, 25 de julio de 2021, de https://en.wikipedia.org/w/index.php?title=Autonomous_University_of_Madrid&oldid=1025438467 ... **Capítulo 25**

48. **Zaragoza:** Colaboradores de Wikipedia. (2021, 12 de julio). Zaragoza. En Wikipedia, La Enciclopedia Libre. Recuperado 15:34, 25 de julio de 2021, de https://en.wikipedia.org/w/index.php?title=Zaragoza&oldid=1033247246 ... **Capítulo 25**

49. **Universidad de Zaragoza:** Colaboradores de Wikipedia. (2021, 16 de julio). Universidad de Zaragoza. En Wikipedia, La Enciclopedia Libre. Recuperado 15:46, 25 de julio de 2021, de https://en.wikipedia.org/w/index.php?title=University_of_Zaragoza&oldid=1033817066 ... **Capítulo 25**

50. **Béisbol Español - Copa del Rey:** Colaboradores de Wikipedia. Copa del Rey de béisbol [en línea]. Wikipedia, The Free Encyclopedia, 2020 [consultado el 25 de julio de 2021]. Disponible en https://es.wikipedia.org/w/index.php?title=Copa_del_Rey_de_b%C3%A9baseball&oldid=124664546 ... **Capítulo 28**

Agradecimientos

Con la adición de papá y Humberto, las mujeres me influyeron más. Durante mis primeros catorce años, hubo tres: mi madre, mi abuela, Esperanza, y mi tía, Chely---Tia Tá. Entre los quince y los dieciocho años, Madeline fue la más importante; a los diecinueve años, Mary Carmen se convirtió en la mujer salvadora de mi alma perdida durante el siguiente medio siglo, más o menos, hasta este escrito. Otras mujeres, mi hija, Carolina, mi cuñada, Norma Gómez, y mi hermana, Ana María, también fueron y son esenciales para mi felicidad.

Bendecido y completo, me siento receptor de regalos de vida inmensamente valiosos. Mi esposa, Mary Carmen, y yo somos los orgullosos padres de dos hijos, Carlos y Javier y una hija, Carolina, cada uno, felizmente abrazados en amor verdadero y compromiso absoluto con sus maravillosos compañeros: Cindy (Carlos), Lacy (Javier) y Vivek (Carolina). Han traído la mayor alegría que podríamos haber soñado tener, nuestros seis nietos: Gastón y Carson (Carlos y Cindy), Rafa y Román (Carolina y Vivek), y Casio y Joaquín (Javier y Lacy).

Por último, debo dar crédito y agradecimiento a Dios, mi Salvador y coautor.

www.ingramcontent.com/pod-product-compliance
Lightning Source LLC
Chambersburg PA
CBHW070547050426
42450CB00011B/2749